“链”接未来

可信区块链应用实践

中国信息通信研究院◎编著

人民邮电出版社
北京

图书在版编目（CIP）数据

“链”接未来 ： 可信区块链应用实践 / 中国信息通信研究院编著. -- 北京 ： 人民邮电出版社, 2019.10
ISBN 978-7-115-52028-9

Ⅰ. ①链… Ⅱ. ①中… Ⅲ. ①电子商务－支付方式－研究 Ⅳ. ①F713.361.3

中国版本图书馆CIP数据核字(2019)第196578号

内 容 提 要

本书基于“可信区块链推进计划”成员单位最近一段时间在各领域的区块链平台建设经验，甄选了近20个具有典型示范效应且在技术和应用上具有创新意义的区块链技术和应用案例，展示了具有突出示范效应的国内领先的区块链技术和应用创新实践。本书适合信息通信行业从业人员以及金融、物流、教育、收藏等领域希望使用区块链的企业和个人阅读。

◆ 编　　著　中国信息通信研究院
责任编辑　赵　娟
责任印制　彭志环

◆ 人民邮电出版社出版发行　　北京市丰台区成寿寺路 11 号
邮编　100164　　电子邮件　315@ptpress.com.cn
网址　http://www.ptpress.com.cn
天津画中画印刷有限公司印刷

◆ 开本：700×1000　1/16
印张：12.75　　2019 年 10 月第 1 版
字数：141 千字　　2019 年 10 月天津第 1 次印刷

定价：88.00 元

读者服务热线：(010)81055493　印装质量热线：(010)81055316
反盗版热线：(010)81055315
广告经营许可证：京东工商广登字 20170147 号

编委会

推荐序1

Preface

当前，世界多极化、经济全球化、社会信息化的浪潮日益扩大，全球经济治理体系加速重构。在变局中，机遇和挑战同存，提升科技创新能力、加速经济结构和产业链的调整十分关键。尤其是以区块链、人工智能、量子信息、物联网为代表的新一代信息技术加速突破、交叉融合、深度渗透，新一轮科技革命和产业变革正孕育兴起，不断改良生产生活方式和经济技术范式。

区块链凭借其独有的信任可传递、信息可穿透、信用可共享的特点，在逐步演进的过程中，正成为当前信息科技领域发展的热点和方向之一。区块链技术的快速发展，加速了社会主体之间的协作效率，减少了信任摩擦系数和总体信任成本，从而实现多主体之间的资源优化配置，有机会重构或者优化现有的商业模式，衍生培育新应用、新业态，助力发展数字经济。

目前，区块链技术已逐步渗透至金融和非金融领域，加速构建分布式新型协作模式和应用生态。以跨境贸易平台为例：从原理上看，跨境贸易平台依托区块链难以篡改的技术特点，以环环相扣的分布式账本记录整个业务的核心单据、关键流程，有效克服了核验成本高、信息不完整、重复融资、虚假融资等监管难度大的问题，降低中小微企业的融资总成本，全面推动跨境贸易金融业务发展；从业务优化角度看，跨境贸易平台既提升了信息化水平，推动了贸易单据的无纸化操作，构建了贸易协作平台，提升了多主体的互联互通和横向协同效率，又通过对全流程、全生命周期的可穿透式监管，使底层资产高度透明、风险可控，有效推动了市场的健康发展。

从金融行业近期的实际成功案例来看，于2018年9月落地的中国人民银行贸易金融区块链平台（PBCTFP），目前已接入27家银行的483家网点，对外付汇业务量已超过300亿元人民币，提供了“供应链应收账款多级融资”“跨境融资”“国际贸易账款监管”“对外支付税务备案”等多个场景的应用，有效解决了交易背景真实性、主体间互联互通、境内外信息可共享、业务与监管连动等问题。

正如本书收集的案例所示，区块链在供应链金融、信用卡委外催收等多个金融场景中实现了落地应用。此外，区块链也在电子发票、警务协作、智能航运、物流管理、司法存证等非金融领域推陈出新，改变了诸多行业的运行模式和业务流程，实现了降本增效的初步预期。我们欣喜地看到，区块链技术与多个垂直行业广泛渗透、逐步融合，呈现了“区块链+”的良好发展格局，以多个务实的落地创新反映了整个行业的理性发展。

同时，我们必须以发展的眼光辩证看待区块链技术。区块链技术作为中性技术，有优点也有局限性，需要找对应用场景，服务于实体经济本源，不能为了区块链而区块链：一是区块链的应用必须适配合适的应用场景；二是发挥区块链技术的补充和改良作用，不要神化或者泛化区块链；三是要关注到区块链作为新兴技术可能带来的风险。区块链技术在金融行业应该结合成熟的传统技术和其他先进技术，避免单一依赖：一方面，应该关注区块链技术的长处，有针对性地使用，充分利用区块链的统一账本、数据防篡改、用户隐私保护、信息实时共享等特性，改善传统技术的数据同步难度大、防篡改措施弱、隐私保护可信低、信息共享时效差等不足；另一方面，应该关注非技术因素，综合考虑市场发展、风险控制、法律关系、合规要求等多个维度，关注技术无法覆盖的角落，避免联手造假、操纵平台的运营风险，避免身份不真实、业务不真实、证据不真实的业务风险，避免违反行业规章、触犯法律规定的合规性风险。

我们更应该清醒地认识到，区块链是一个复杂的系统工程，整个行业也处于发展的早期阶段，区块链不可替代的比较优势尚不明显，我们会经常遇到“共识算法如何保证数据一致性？”“工程实现是否存在系统漏洞等安全风险？”“链上链下数据如何确保账实相符？”等经典问题。除此之外，区块链还需要从化解性能瓶颈、注重隐私保护、提高安全能力、加强跨链操作、实现多方一体化运维等多个方面不断夯实基础、克服挑战、发挥优势、务实发展。

希望本书可以作为区块链应用案例的参考书，为区块链在各个领域的推广应用提供参考、启发创新、凝聚共识，开启区块链“链接未来”的探索之路。

中国人民银行数字货币研究所副所长

狄刚

推荐序 2 Preface

数字经济是继农业经济、工业经济之后，随着信息技术革命的发展而产生的一种新的经济形态，日益成为撬动全球经济的新杠杆、各国寻求可持续发展的新机遇，也是我国实现经济高质量发展的新动能。

信息技术的飞速发展为数字经济提供了不竭动力，特别是近年来，以大数据、人工智能、区块链等为代表的新一代信息技术，正在成为助推实体经济转型升级、数字经济创新发展的新引擎。

区块链开创了一种在不可信的竞争环境中，低成本建立信任的新型计算范式和协作模式。区块链凭借其独有的信任建立机制，实现了穿透式监管和信任逐级传递，有望成为数字经济信息基础设施的重要组件，正在或即将改变诸多行业的发展图景，战略意义重大。

虽然全社会对区块链给予了美好的憧憬，没有人否认区块链技术背后蕴含的巨大潜力，但今天真正落地的区块链应用仍然不多，区块链的发展可以说还处于初级阶段。让全社会建立起对区块链这项技术的信任和信心，是当前最重要的议题。

为此，中国信息通信研究院牵头发起了“可信区块链推进计划”这样一个产业合作机制，秉承“因为透明，所以可信”的理念，联合 320 家成员单位，围绕核心技术、行业应用、监管合规等主题，组建 17 个项目组开展研究，构建可信区块链标准体系，促进理论可信、工程可信、应用可信和管理可信，努力为区块链技术与实体经济深度融合扫除障碍。

2018年上半年以来，可信区块链推进计划面向全社会征集了一批有较高示范价值的案例，并组织专家精选了最具代表性的部分案例，集结编写成书。本书与其他介绍区块链原理的书籍相比，更加突出实践，力求汇聚“星星之火”，通过真实的案例分析，发掘和凸显区块链在构建信任关系、提高协作效率、促进数据共享、提升穿透式监管能力等方面不可替代的独特作用。

相信本书中的案例，能够像火种一样，点燃区块链应用创新的热潮，为政府部门、科技企业和行业用户提供有价值的参考，启发大家去进一步深挖区块链的潜力。

中国信息通信研究院院长

刘多

前言

Foreword

在新一代科技革命的浪潮下，作为关键技术风口之一的区块链，正在全球范围内兴起，悄然改变我们的生产和生活方式。

今天，以数字经济为代表的新经济、新业态正在快速发展，区块链在数字经济中发挥的重要作用越发被人们熟知，但是如何正确认识区块链技术，如何善用区块链技术，如何推进区块链技术在金融、司法、税务、社会公益、版权保护等领域更好更快地落地，仍是不小的挑战。

为了挖掘区块链平台和应用落地的先进经验，指导各大行业以及各家企业的区块链创新实践，中国信息通信研究院牵头的“可信区块链推进计划”与中国支付清算协会金融科技专业委员会携手发起“2018可信区块链创新应用优秀案例征集活动”，从涵盖多个领域的数百个实践项目中甄选出20个在区块链平台和应用上有突出创新的案例，集纳成书。

本书秉持“经验指导实践”的理念，聚焦目前国内已落地的先进区块链创新实践，旨在彰显区块链与实体经济融合的巨大潜力价值，树立区块链应用的典范和标杆，为社会各界的区块链应用提供切实可行的参考。

目录

Contents

Application Practice of Trusted Block Chain

区块链电子发票

实施单位

国家税务总局深圳市税务局

腾讯科技（深圳）有限公司

参与完成人员名单

李伟、李皓皓、李荣辉、信永明、郑年华、王晓明、陈春华、陈妍、崔颜、范武、王冰、杨欣、张桂墉、罗鑫、方志钊、许国爱、蔡弋戈、李茂材、高峡、张民遐、杨光、张俊、秦青、戴传兵、张懿方、洪晓雯、郭鹏、张建俊、郑罗海、王宗友、蓝虎、王烁、李冰如、胡蓉萍、赵杰夫、王子豪、欧阳宜虹、杨海龙、张浩、李春旸

引言

为了顺应互联网的发展趋势，满足纳税人和税收管理不断增长的互联网应用需求，推动税收系统的现代化建设，国家税务总局结合税收工作实际，积极推进“互联网＋税务”行动。随着新一代信息通信技术（Information and Communication Technology，ICT）的兴起，区块链技

术的出现能够更好地解决发票流转中出现的“假票真开、真票假开”的问题。同时，通过把发票流转的全流程信息加密上链，提高了电子发票系统的安全性，降低了监管机构和企业的成本，简化了消费者开票报销的流程。在国家税务总局深圳市税务局的指导下，腾讯科技（深圳）有限公司（以下简称“腾讯公司”）提供底层区块链技术方案，联合海南高灯科技有限公司（以下简称“高灯科技”）等电子发票服务商，创新性地推出了全国首个基于区块链的电子发票平台。

方案概述

区块链电子发票是区块链技术的重要应用领域之一，借助分布式记账、多方共识、非对称加密等技术，助力国家解决了现行财税环境下的一些实际问题，提供了一套全新的电子发票标准。

2018 年 8 月，国家税务总局授权深圳市税务局试行区块链电子发票，由深圳市税务局定义行政发行标准和纳税人发票使用规范，腾讯公司提供区块链底层技术支持，高灯科技等电子发票服务商负责提供接入各个交易场景的解决方案，最终实现将“资金流、发票流”二流合一，将发票开具与线上支付相结合，打通了发票申领、开票、报销、报税全流程。区块链电子发票以互联网产品的形态诞生，做到税务机关各环节可追溯、业务运行“去中心化”、纳税办理线上化、报销流转无纸化。

一、平台功能

区块链电子发票平台架构如图 1 所示，总共包括两个部分：税务链管理端和业务终端。

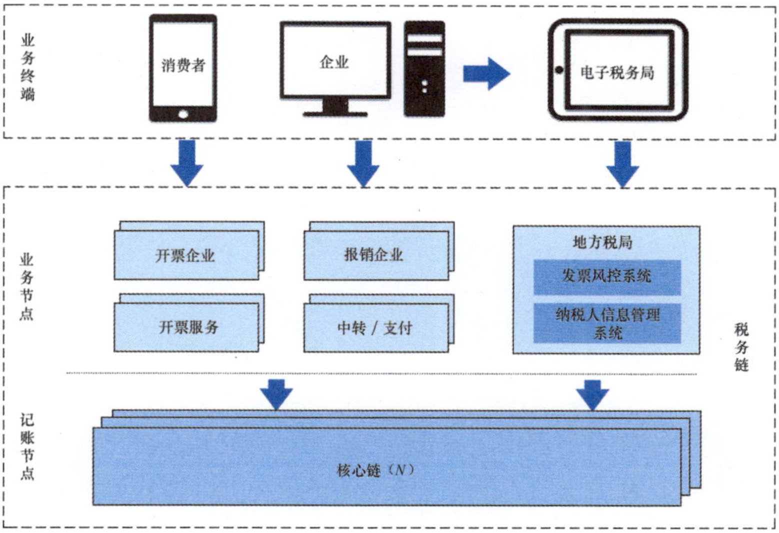

图 1　区块链电子发票平台架构

税务链管理端主要具备两个方面的功能。

1. 记账节点

以税务局为核心建设核心链，核心链承载着业务节点提交上来的所有发票数据，每条核心链每秒处理事务数（Transactions Per Second，TPS）上万。考虑运营质量和数据安全原因，核心链的节点由税局机关拥有，并且在国家税务总局统一规划建设的专用网络中工作。

2. 业务节点

业务节点为分布式，为节点负责的纳税人提供服务，与核心链之间通过路由网关保持连接。业务节点只保存与节点相关的发票数据，无权并且无法持有全网的发票数据，也不能参与区块链共识算法计算。通过路由网关，业务节点可以向核心链申请自己权限范围内的发票数据，并且可以将开票、红冲等上链请求提交到核心链。同时，业务节点也承担发票查验服务，并且可以针对纳税人的需求提供个性化的解决方案。

二、业务流程

区块链电子发票业务流程如图 2 所示，区块链电子发票业务流程包括领票、开票、流转、验收、入账等，大致分为以下 4 个步骤。

第一步，税务机关在税务链上写入开票规则，将开票限制性条件上链，实时核准和管控开票。

第二步，开票企业在链上申领发票，并写入交易订单信息和身份标识。

第三步，纳税人在链上认领发票，并更新链上纳税人的身份标识。

第四步，收票企业验收发票，锁定链上发票状态，审核入账，更新链上发票状态，最后支付报销款。

图 2　区块链电子发票业务流程示意

痛点解决

在传统电子发票的基础上，区块链电子发票重点优化，解决了以下 4 个方面的问题。

第一，解决了信息孤岛问题：将发票流转信息上链，解决了发票流转过程中的信息孤岛问题，实现了发票状态全流程可查、可追溯。

第二，实现了无纸化报销：因为发票全流程的信息都在链上，报销时只要在链上更新发票状态即可，无须再打印为纸制的文件存档。

第三，解决了“一票多报、虚报虚抵”的问题：利用区块链技术，可以确保发票的唯一性和信息记录的不可篡改性。

第四，帮助政府提升监管力度：由于发票全流程的信息都在链上，因此可以帮助税局等监管方实现实时的全流程监管。

具体而言，“假票真开、真票假开”一直是传统发票领域存在的痛点问题，腾讯公司和国家税务总局深圳市税务局的科研人员共同深入探讨与探索，运用区块链技术破解了这个难题：通过对密码学的运用，保证只有税务局才能发行发票，所有发票都上传至不可篡改的区块链分布式账本上，防止“假票真开”；结合腾讯公司在支付领域的优势，在多方参与的区块链中将支付信息载入发票流程，一切可追踪、可追溯，防止“真票假开”；通过把发票流转的全流程信息加密上链，提高了电子发票系统的安全性，降低了监管机构和企业的成本，简化了消费者开票报销的流程。而腾讯公司早在 2015 年便成立了专业的团队，自主研发区块链底层技术，腾讯区块链已在供应链金融、游戏、数字资产、物流信息、法务存证、公益寻人、智慧医疗等场景得到了广泛应用。2017 年，腾讯区块链通过了中国信息通信研究院《可信区块链检测标准》。在 2018 年中国信息通信研究院首批可信区块链标准评测结果中，腾讯区块链位居第一，包括功能、性能以及稳定性评测在内的 3 项平台能力均实现突破，单链性能突破 5 万 TPS。经过多年的积累和打磨，腾讯区块链在安全性和稳定性方面都能为各个业务场景提供高性能支持。

创新亮点

基于腾讯公司自主研发的区块链技术，借助区块链技术的分布式记账、多方共识和非对称加密机制，区块链电子发票相较于传统电子发票具备诸多优势。

第一，不可篡改，提高伪造和篡改原有发票的难度。

第二，信任传递，降低公司报销的财务审核、税局稽查的成本。

第三，不可"双花"，有效防止一票多报。

第四，创新的隐私保护策略，加密和数据隔离。

值得一提的还有 3 个方面：To C 层面，解决用户报销难、程序烦琐的问题；To B 层面，帮助企业降低开票、存档以及审核入账的成本；To G 层面，帮助税务局降低监管成本和服务成本。

应用成果

2018 年 7 月，在得到国家税务总局关于开展区块链电子发票应用试点工作的批复后，深圳作为"区块链 + 电子发票"试点城市，开始了"区块链 + 电子发票"的推广试点工作。

2018 年 8 月 10 日，在国家税务总局的指导下，深圳国贸旋转餐厅开出首张区块链电子发票，标志着全国首个区块链电子发票平台在深圳落地。成功开出首张区块链电子发票后，深圳市税务局在全市进行推广宣讲，当前试点企业已经覆盖互联网、交通出行、银行、餐饮、零售、医疗、物业、金融等多个行业，打通了多个不同行业场景的开票新模式。如今，项目在持续推动，开票场景在不断拓展，开票流程在不断优化，区块链技术在发票领域的实践重点已逐步落实到各场景的业务应用上。

2018 年 11 月 1 日，招商银行作为金融行业的代表也开出了金融领域的第一张区块链电子发票。招商银行通过升级平台，除了能满足自营开票场景的需求外，还可以代理其他企业快速接入税务局区块链电子发票平台，全面降低接入企业的开票成本。同时，招商银行依托自身扎实的金融系统运营经验，为接入企业提供银行级别的数据安全和隐私保护服务。另外，招商银行还在规划打通区块链电子发票的线上流转、报销环节，以解决报销场景中“一票多报、虚报虚抵、真假难验”的痛点，真正实现“一键报销、实时到账”。

2018 年 11 月 8 日，区块链电子发票正式落地全球零售巨头沃尔玛，应用场景首次扩展至零售行业。基于腾讯区块链的底层技术，高灯科技联合上海云砺信息科技有限公司成功为沃尔玛推出了“线上、线下一体化”的开票方案。消费者无论以何种方式下单购物，都可以自助、轻松地开具区块链电子发票。2018 年 11 月 27 日，沃尔玛已经在全深圳市各门店覆盖区块链电子发票，用户可以通过线上、线下两个渠道开具发票。在线下开票场景中，用户在超市内购物结账后，通过手机扫描超市里的二维码，直接进入公众号“沃尔玛”开票界面，填写并提交相关信息后，即可完成发票开具。成功开具的区块链电子发票将自动进入微信卡包，用户也可以选择发送 PDF 版本到自己的邮箱。在线上开票场景中，用户通过微信小程序“沃尔玛扫码购”完成账单支付后，进入开具区块链电子发票的入口，按照指引即可快速完成区块链电子发票的开具。用户在沃尔玛体验区块链电子发票开具的情景如图 3 所示。

图 3　用户在沃尔玛体验区块链电子发票开具

2019 年 3 月 18 日，全国首张轨道交通区块链电子发票在深圳地铁福田站开出，正式宣告深圳市地铁乘车码上线区块链电子发票平台。即日起，用户使用腾讯公司旗下的智慧交通出行产品——乘车码搭乘深圳地铁之后，就可以一键在线开具区块链电子发票。深圳市地铁乘车码用户在每次行程结束后，可通过微信在扣费凭证页面进行支付，点击“查看乘车记录”进入开票，或通过“乘车码”小程序主页面右下角“我的”-“乘车记录”选择需要开票的行程开具相关发票，如果已开发票，可在“我的”-“卡包”-“票证”中查看。使用深圳地铁应用程序（Application，App）的用户则可以在“我的”-“电子发票”中按相关提示开票。本次落地场景的扩展，由深圳市税务局指导，腾讯公司联合深圳地铁集团、港铁深圳集团、高灯科技、广州广电运通金融电子股份有限公司等多家单位、企业共同推进，是区块链电子发票向公共交通智慧出行迈出的第一步。

业界认为，“乘车码 + 区块链电子发票”是实现智慧交通与智慧税务的一次重大实践。目前，乘车码用户数突破 1100 万人次，日均进站客流超百万人次。庞大的地铁客流对发票的需求量极大，深圳地铁推行区块链电子发票带来了显著的社会效益：其一，据统计，深圳地铁持乘车码日均进站客流约 160 万人次，区块链电子发票上线前，深圳地铁每天约开具 16 万人次的纸质发票，以人均耗时 3 分钟计算，每天可节约 8000 小时，便于提升地铁客服水平；其二，上线区块链电子发票可为深圳地铁每年节约纸质发票印制成本超 40 万元，降低了管理成本。用户体验乘车码入闸如图 4 所示。

图 4　用户体验乘车码入闸

2019 年 4 月 22 日，万科物业发展有限公司（以下简称“万科物业”）成为物业行业首家区块链电子发票服务商。这意味着万科物业具备为其他物业公司提供区块链发票对接服务的能力，开启了物业行业低开发、零难度、高品质的全新用票体验，创造了更多元化的服务场景。这也是区块链电子发票在房地产、物业领域的成功应用，具有重大的行业示范意义。

2019 年 5 月 30 日，深圳市出租车智慧出行平台"出租车助手"小程序上线区块链电子发票平台，这是全国范围内首个出租车行业电子发票应用平台，有助于为深圳市民的生活带来更多便利，为全国出租车智慧出行领域打造示范标杆。

乘客可以在行驶的过程中，扫描出租车智能终端二维码，在"出租车助手"小程序上预先提交发票请求。到达目的地后，乘客能很快在微信中收到电子发票。即使没有提前扫描预约发票，乘客只要使用微信扫码支付车费，"出租车助手"小程序也能自动保存乘车订单记录，乘客离车后也可随时开票。同时，深圳市出租车开具的发票全部为区块链电子发票，发票信息与发票的使用、报销状态同步"上链"，既提高了乘客获取发票的效率，也帮出租车公司节省了开具纸质发票的成本，还解决了发票流转过程中"一票多报、虚报虚抵、真假难验"等难题。

此外，移动支付还带动了自助缴费停车场的涌现，在此基础上引入区块链电子发票，使停车开票这个典型的应用场景成为与区块链电子发票有效融合的新业态。

目前，深圳接通移动自助缴费的停车场已经超过 10000 家。其中，智慧停车平台（Electronic Toll Collection Parking，ETCP）、捷停车、小猫停车、PP 停车、银联无感支付、驿亭停车等主要市场份额持有企业都接入了区块链电子发票。接入后，车主自助缴费、自动扣费、月卡缴费等交易都可自助开具区块链电子发票，即便离开停车场，也可以找到停车记录补开发票，在此过程中无须人工干预，无须排队，票据可实时生效。这样一来，停车场按需开票就没有了限制，管理和报税变得更加便捷。

在公共出行方面，地铁乘车码、公共出租车、机场客运巴士等公共交通业务也陆续接入区块链电子发票。可以说，区块链电子发票正在从最高频的开票场景中逐步向市民生活消费的方方面面渗透。

自区块链电子发票上线以来，试点企业和消费者反应良好，成功带动了社会公众对新型开票方式的认知和接受。截至 2019 年 4 月，深圳区块链电子发票系统接入的企业已经超过 2000 家，开票数量超过百万张，总开票金额已达 17.2 亿元。区块链电子发票试点稳步向前，逐步扩大试点行业和企业范围，在金融保险、零售商超、酒店餐饮、停车服务、互联网服务、物业服务、交通出行等行业得到了广泛应用，先后接入招商银行、沃尔玛、百果园、深圳北站、微信支付商户平台、微众银行、万科物业、深圳地铁、招商港口等多家企业和场景。试点工作仍在平稳有序地进行，开票量、开票金额和开票企业稳步增长。

随着新兴互联网技术的飞速发展，区块链电子发票的优势不断显现，势必会逐步取代传统开票方式。这是一个长期性的创新过程，既需要税务机关和科技企业合作创新业务模式，解决纳税人的痛点问题，又需要全社会共同试点，为现代化纳税服务建言献策。

XuperIPR 区块链版权服务平台

实施单位

百度在线网络技术（北京）有限公司

参与完成人员名单

肖伟、谭待、梁子、顾晓莉、魏来、刘晨溪、范围、张晋豪、陈咨霖、张一凡、李秀文，朱晓曦、刘琬臻、贺元、李金刚、刘叶红、薛安

引言

根据国家版权局网络版权产业研究基地2018年4月23日发布的《中国网络版权产业发展报告（2018）》，2017年我国网络版权产业的市场规模达6365亿元，较2016年增长27.2%。虽然中国版权市场规模增长强劲，但也面临着剽窃成本低、取证难、维权难等诸多问题。可以说，传统的版权保护方式已经不适用于数字版权时代，长尾版权得不到保护，创作者们虽焦虑却束手无策。

在上述背景下，基于领先的区块链、人工智能、大数据技术，百度在线网络技术（北京）有限公司（以下简称“百度”）推出的XuperIPR

平台致力于解决传统版权保护中存在的问题，通过构建版权存证、转载监控到一键维权的全流程服务，直接对接北京互联网法院等司法机构，提升全行业效率，重塑版权价值链。

方案概述

XuperIPR 是百度区块链首个落地应用的产品，作为国内领先的数字内容版权服务平台，搭载区块链、人工智能、大数据三大核心技术，致力于为原创作者和机构提供图片、文字、视频等全品类的版权存证、转载监控到一键维权的“一站式”版权保护。

XuperIPR 电子存证数据与北京互联网法院“天平链”等司法机构直接对接，解决用户在维权中争议标的小、维权成本高、电子证据认定难等问题，提升产业链各环节的效率。

大体而言，XuperIPR 具备四大功能，如图 1 所示，分别是区块链版权存证、转载监测、取证固证、维权诉讼。

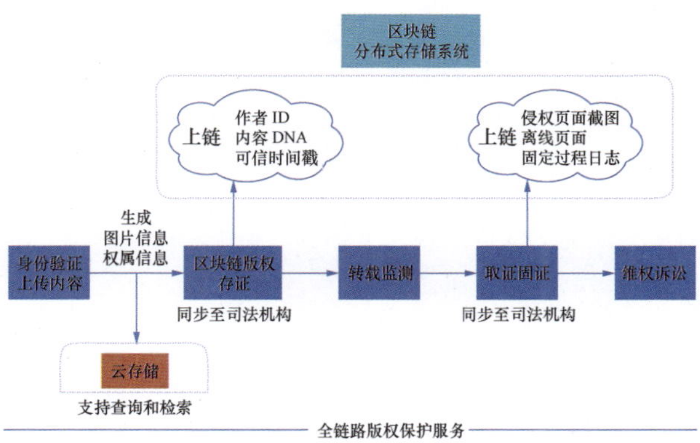

图 1　XuperIPR 产品功能示意

一、产品功能

区块链版权存证：原创个人/原创作者上传原创摄影作品，审核通过（相同图检测等）后即可进行区块链存证，生成区块链登记证书，区块信息同步至北京互联网法院等司法机构。

转载监测：依托百亿数据库，使用人工智能识图技术进行相同图片的扫描，检测侵权图片和页面。

取证固证：通过百度取证引擎固化侵权页面的证据，防止证据流失或页面删除，并将固化的证据同步至北京互联网法院等司法机构，形成证据包，内含侵权页面截图、固定过程日志、离线页面等侵权材料。区块链技术使这些证据真实、不可篡改，成为司法/审判上可以使用的有效证据。

维权诉讼：将源文件及证据包提交至法院立案平台，法官查看证据详情、完成证据审查与认定后即可进入立案环节，保护版权。

在整个过程中，侵权线索证据包、原创作者存证文件及个人信息按照国家密码局的标准加密。

在算法上，平台对原始数据加密处理后，将哈希值上传到图腾版权链（以下简称"图腾"）上，即保存数据指纹。图腾采用 SHA256 加密算法进行加密，保证数据的不可破解性，保障用户数据的隐私。

目前，图腾正通过区块链打造可信安全的版权联盟，引入百度内容生态等更多类型的版权内容上链，由司法机构监督，由内容提供者、确权机构、维权机构共同维护，建立可信、可靠、全面的版权保护机制。

二、系统架构

从系统架构上看，XuperIPR 大致可以分为基础层、服务层和平台层。

1. 基础层

基于超级链（XuperChain）技术构建内容版权链，将内容版权行业需要公信力或透明性的登记确权、维权线索、交易信息等存储在版权链上，版权链默认采用超级链的委托权益证明机制（Delegated Proof-of-Stake Consensus，DPOS）机制，分布式账本由百度、内容机构、确权机构、维权机构等节点共同维护和背书，具有强大的公信力。庞大的版权内容信息将被存储于百度分布式存储系统中。

2. 服务层

服务层主要构建图片 Tagging（标签）、图片搜索、盗版检测等基础服务。

图片 Tagging 基于百度权威知识图谱构建标签体系，利用精准的图像理解、图文理解等前沿人工智能（Artificial Intelligence，AI）技术对图片进行智能理解、智能识别并自动生成标签，通过全球领先的 AI 科技快速而精确地丰富图片描述。

图片搜索针对所有摄影师和联盟机构的上链图片，构建“以文找图”和“以图找图”的搜索系统，具备智能检索、双重保障，能够为图片购买者提供一个需求匹配的便捷入口。

盗版检测基于百度强大的技术背景和丰富的网络资源，利用成熟的分布式爬虫系统，采集全网图片；同时，基于图像理解的智能 AI 技术，构建相同图片的检索系统，利用强大的算法和过硬的技术，使图片即使在变形和被修改的情况下也能被追踪和发现。

3. 平台层

平台层为用户提供登记存证、分发交易、维权取证等服务。用户通过平台将自主产权图片提交到图腾平台后，图腾平台将首先对作者信息和图片信息进行可信时间戳的计算和第一重信息存证，然后再将作者信息（关键信息加密保护隐私）、图片信息、可信时间戳信息和上链时间（区块链系统生成）统一记录到区块链中，利用区块链不可篡改、联盟伙伴共同记录背书的特性，进行第二重信息存证。XuperIPR 存证数据连接北京互联网法院等司法机构，维权时可以便捷地从区块链中下载证据包。

核心优势

基于技术和模式上的一系列创新，XuperIPR 具备以下六大核心优势。

第一，全链路版权服务解决方案。XuperIPR 支持从版权存证、转载监控到一键维权，可高效实现作品"全生命周期"的集中化管理。

第二，三大业内领先技术加持。区块链、人工智能、大数据强强联手，有效构建运转流程更高效、保护更彻底的版权内容服务系统。

第三，区块链电子证据对接司法。XuperIPR 是北京互联网法院首个区块链存证合作平台，电子证据的生成、存储、传播、使用全流程可信，具备国家级公信力和法律效力。

第四，多种接口能力的开放与合作。行业领先的版权服务能力全网开放，实现应用程序编程接口（Application Programming Interface,

API）一键接入，打造开放、共赢的版权生态。

第五，全网全天候实时侵权监测。平台基于自研智能语义分析系统和全网轮巡转载监控系统，产出统计分析及侵权报告，并由业内专业机构承接维权服务。

第六，流量曝光等多重权益激励。平台借助百度图片等百度系千万级流量入口，扩大内容分发渠道，实现高效曝光及版权价值提升。

痛点解决

一直以来，确权成本高都是数字内容版权保护的“痛点”。内容版权生产者需要耗费大量的时间、精力和财力创作内容作品。然而，当优秀的内容作品被投放到互联网平台时，却无法很容易地确定版权归属。这主要是因为网络平台不同于传统平台，出版或发布内容、作品虽快捷便利，但无法得到有效且可靠的背书支持，内容发布者必须自行联系版权机构申请版权归属，此过程消耗的成本较高，手续也因各背书机构的不同而产生差异。每日互联网平台将诞生数以百万计的原创作品，若每个作品都进行确权的话则难上加难。

盗版猖獗也是数字内容版权保护面临的巨大挑战。近年来，随着互联网和移动通信技术的飞速发展，各类作品开始转向更广阔的网络平台，得到更快速和更广泛的传播，催生出新兴的数字创意产业并使之蓬勃发展，但相关的知识产权保护的问题也日益突出。日渐猖獗的网络盗版不仅损害了作者以及网络经营者的直接利益，而且使侵权盗版行为蔓延扩大，给整个数字文化创意产业造成了不可估量的损害。以图片为例，据了解，我国约有 64% 的摄影师遭遇过图片被盗用的情况，而这些图片的 49% 被博客及社交网站盗用。

除了确权成本高、盗版猖獗，维权难也是亟待解决的重要问题。互联网上的内容作品因其本身易修改、易流通的特性，极易被二次加工和二次传播。当缺乏公开健全的侵权检测机制时，侵权行为很难被发现。发现了侵权行为后，根据盗版线索是否能够维权、如何找到维权机构、如何维权等问题，都需要花费内容创作者大量的精力去处理。

应用成果

基于区块链这项革新技术的 XuperIPR 数字内容版权服务平台的落地，助力个人及机构版权方快速、便捷地实现维权，得到了市场的高度认可。以下为几个成功案例：

2018 年 6 月，新华报业摄影记者刘乙的 1 张作品被南京 ×× 科技有限公司侵权，获得赔偿款 2500 元；

2018 年 9 月，《中国国家地理》认证摄影师、专栏作者潘奕锋被陕西 ×××× 有限责任公司侵权，获得赔偿款 3500 元；

2018 年 10 月，资深人像摄影师冼宇超 4 张作品被江西 ×× 科技有限公司侵权，获得赔偿款 10000 元；

2018 年 7 月，美好景象图片库 5 张作品被广州 ×× 教育科技有限公司侵权，获得赔偿款 10250 元。

值得一提的是，XuperIPR 已与北京互联网法院“天平链”达成合作，共同推进司法效率的提升。XuperIPR 个人用户及机构用户的存证及侵权数据将记录在版权链中，通过百度 XuperChain 跨链技术，将数据同步至“天平链”。当侵权行为发生时，图腾可以辅助法官进行证据提取和证据采信。

当前，我们正迈入一个全新的数字经济时代，数据在我们的生产和生活中扮演着越来越重要的角色，数字版权保护的重要性日益提升。XuperIPR 与北京互联网法院“天平链”共同探索，促成区块链在司法领域落地，确保数据的真实性，保护用户的隐私，逐步推进互联网空间的治理法制化。

智能航运区块链管理平台

实施单位

中国远洋海运集团有限公司

北京大学（天津滨海）新一代信息技术研究院

智链万源（北京）数字科技有限公司

参与完成人员名单

蓝春海、马修军、郭晓毅、董宁

引言

在每年的全球贸易中，90% 的商品通过海运方式运输。相关统计显示，在海运中，仅仅是贸易文件处理和管理方面的相关成本就占实际运输成本的 1/5。与此同时，一艘船往往运载数千批货物，这些货物的证明文件还可能出现延迟、丢失、错放，导致海关不予放行等问题。此外，海运环节还涉及多个参与方，业务繁杂，协同效率低，这些都极大地阻滞了贸易的进程。

针对海运面临的纸质化单据多、流程复杂、信息不透明、效率低下、参与方协同成本高等问题，智能万源（北京）数字科技有限公司（以下简称“智能万源”）联合中国远洋海运集团有限公司打造了中国版“马士基”项目，推出了基于区块链的“智能航运和口岸管理平台”（以下简称“智能航运平台”），改变了传统航运供应链的运作模式。平台基于区块链技术将货主、货代、海关、船舶公司等联系起来，实现协同商务，重构国际贸易产业链模式。

方案概述

首先，智能航运平台利用区块链技术“去信任”、记录可追溯的特点，减少航运流程中的冗余环节，优化交易流程。其次，智能航运平台基于区块链上的可编程技术（即智能合约），使订单交易可自动执行，提高运作效率。最后，智能航运平台还利用区块链保证数据隐私安全的技术特点，使大量的纸质单证被消除，使航运各方实现无纸化和标准运作模式，在确保信息安全可靠的同时降低运作成本。

一、平台功能

智能航运平台架构如图 1 所示。智能航运平台主要提供基于区块链的物流监控、基于区块链的贸易金融和基于区块链的集运三大功能模块。

基于区块链的物流监控：借助物联网和区块链技术的数据透明性将设备的实时情况、箱单、提货单等单据的信息流程实时上链，为导航、作业调度、事故原因等追溯提供更加直观、细致的数据支撑，为解决争论和纠纷提供有效的证据。

基于区块链的贸易金融：利用区块链网络系统，消除纸质单据，打破信息孤岛，解决节点间不信任的问题，打造共识系统，提升协同效率，创造可信的生态环境，允许航运各方实时安全地共享信息。

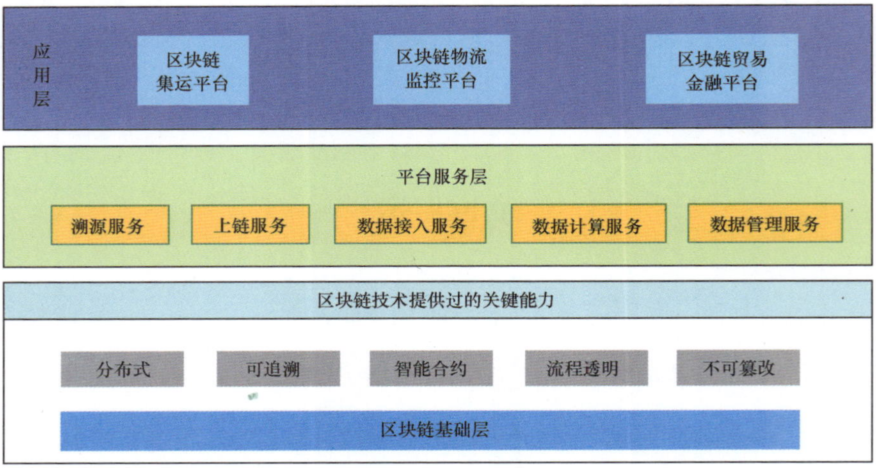

图 1　智能航运平台架构

基于区块链的集运：整合物流监控平台和贸易金融平台，打通海运业务中的物流、信息流和资金流，实现"三流合一"，通过区块链智能合约减少人工操作中出错的机会，提高业务推动的效率。

二、总体业务流程

智能航运平台出口贸易业务流程包括 11 个方面，具体的业务流程设计如图 2 所示。

首先，货主在平台上申请，委托货运代理向船运公司或船代进行订舱。

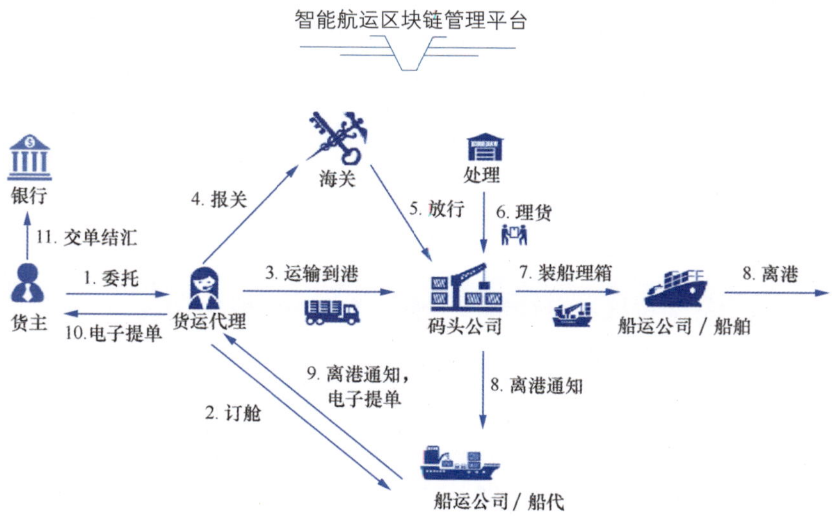

图 2　总体业务流程示意

其次，货运代理接受委托后要将货主的货物运输到码头公司，并向海关申请报关。

再次，海关在平台上进行审核，审核通过后通知码头公司予以放行。同时，外理检验机构需要进行理货检验，并将检验结果写入平台的区块链账本，完成出货前的准备。

然后，船运公司或船代通过平台收到出货离港通知，装船后使舶离港，并在平台上生成电子提单，提交给货运代理。

最后，货运代理再将电子提单提交给货主，银行在平台上收到货主的提单后与货主交单结汇。

痛点解决

在传统的航运业务中，存在大量单证交换、冗余流程与人工操作，大大增加了时间成本和人力成本。另外，整个航运业务的物流链涉及货主、货主代理、海关、码头、班轮公司、银行等众多参与方，各方的信息流转不透明、信息碎片化严重，导致业务的协同效率很低，加之信息共享机制差、集装箱空箱率高，造成了严重的资源浪费。

智能万源运用区块链技术，打造基于区块链的智能航运和口岸管理平台，解决了在上述航运业务中出现的问题，实现了航运业务流程和模式的创新。

第一，实现电子签章，消除纸质工作。智能航运平台把航运业务中的各种单据凭证数字化，各方在查询、校验相关信息时，可以通过智能航运平台快速获取，并且利用区块链防篡改的特性，为各方提供安全、可信的电子提单数据，而且智能航运平台可以作为线上的航运交易所，实现在线订舱，重塑集装箱运输流程，降低系统的整体成本。

第二，利用区块链解决多元主体不信任的问题，打通航运业务中涉及的各方数据信息。在传统解决方案中，货主、货运代理、银行、港口、海关、物流公司等都有自己的业务系统，数据保存在各自的核心系统中。同时，参与方对各自的数据有绝对的控制权，数据遗漏或被篡改的风险也很大。智能航运平台打破了各个参与方的数据孤岛，提高了舱位数据的透明性和集装箱设备的利用率，实现了协同商务，减少了协作摩擦。

第三，通过“物联网 + 区块链智能合约”，实现运输流程可视化和运输状态实时监控，让货物的运输节点和运输状态实现可追踪，使运输的全过程记录无法篡改。智能航运平台将航运业务从采购订单到货物交付的各个时间节点、地点信息及整个交易过程都记录在区块链账本中，当货物在流动过程中出现任何问题时，货主、货代、海关、银行、保险公司都可以收到触发告警，并且可以通过可靠的电子证据进行双向追溯，从而清楚地界定各方需要承担的责任，提高付款、交收、理赔的处理效率。

创新亮点

智能航运平台的实施运用，在技术、业务模式、产业链生态模式等各个方面都实现了创新。

第一，通过区块链将资产化的航运资源以数字化的形式载入云端后，交易、融资变得更加灵活，资产的追踪和管理也更加便捷。将各种提单、凭证电子化后，通过利用区块链技术的“多次签名认证”，采用公钥基础设施（Public Key Infrastructure，PKI）体系验证用户的身份，对提交的请求进行数字签名验证，为航运业务创造一个可信的环境，形成没有欺诈的系统，缩短交易时间。

第二，实现航运供应链运作模式的创新。一方面，基于区块链的“去中心化”机制，一些中间机构的作用发生了转变，例如，货代在平台中转变为专门提供知识服务和技术服务的机构，简化运作流程，提高运作效率，节省运作成本；另一方面，基于区块链的智能合约，大量的单证可以被消除，航运业务实现无纸化运作，在很大程度上降低了双方交易的响应时延，从而实现节省成本的目标。同时，通过智能合约，可对危险品提出装船提示，根据货物规格、货物的到岸顺序安排装船顺序和位置，优化资源配置，订单的流转过程最大限度地实现自动化，提高了整体的运作效率。

第三，改变信用评价系统、创新金融服务。航运业务涉及多方交易主体，交易场景复杂，而风险控制的最重要的意义就在于确认交易是否真实。区块链技术的运用实现了供应链中物流、信息流、资金流的“三流合一”，并替代一部分物流，形成线上交易通道的模式，相关交易主体的信用信息都保存在区块链上，解决了传统航运中信息传输不顺畅、不透明的问题，各节点之间的资金流转也变得安全、高效，降低了生态圈的资金运营压力。

应用成果

基于区块链的智能航运平台在区块链、物联网、大数据、云计算等技术的综合作用下，自上线运行后，使航运业务的发展取得了突破性进展。

一、航运业务流程中的纸质单据和交易凭证实现数字化

智能航运平台通过可视化界面展示各节点的信息状态，实时监控各节点的动态，如图 3 所示。

通过对航运订单的全生命周期监控，相关方能够在平台上实时获取可信的状态信息，如订单当前的流转进度等，使各相关方获得更好的订单追溯体验。

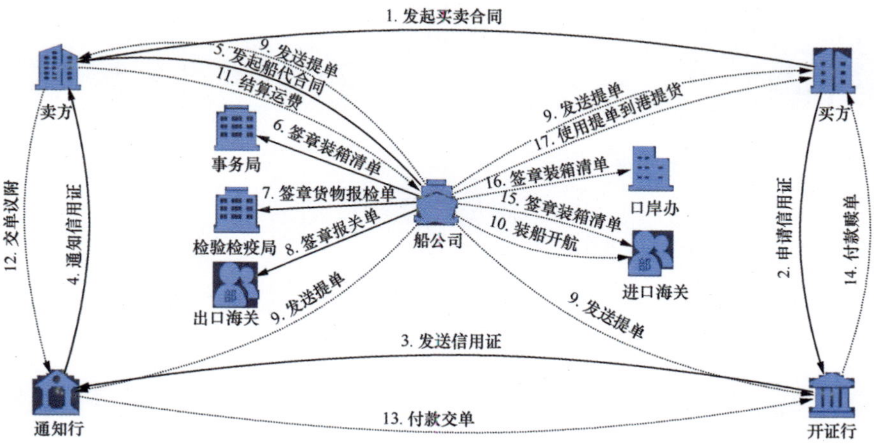

图 3　智能航运平台中各节点实时动态

二、优化航运业务流程，提高服务水平

航运业务涉及的参与方较多，业务环节较复杂。智能航运平台可以将集运业务流程优化，例如，将信用证优化后的流转流程从 44 步缩减到 18 步，有效地降低了航运及相关方的成本，促进更多的贸易开展，最终为航运生态系统提供良性发展的动力。

据马士基（集装箱承运输公司）估计，应用区块链技术的集运解决方案可以在规模化采用后帮助集装箱海运业节省数十亿美元。

三、平台交易记录全程上链，所有信息可追溯

航运市场涉及的交易记录的每个环节都会被记录在区块链账本中。这些信息都可以在平台上通过区块链浏览器查询，如图 4 所示，实现全流程信息的透明可追溯。

图 4　平台上的交易区块链记录

四、航运业务实现转型升级

作为全球贸易最重要的载体，航运集装箱业务运输事关国家贸易、经济与安全。区块链技术在航运领域的探索与应用，帮助航运业务提高了服务能力，打造了行业标准，实现了转型升级，重构了国际贸易的产业链模式。

钢铁行业仓储区块链管理平台

实施单位

迅鳐成都科技有限公司

攀钢集团——成都积微物联电子商务有限公司

参与完成人员名单

夏琦、谢海、陈源、陈瑞东、李弋凡、吕一新、王贝、阮亚芬

引言

众所周知，传统钢铁行业的仓储平台存在诸多问题，现存业务中金融信息共享不畅带来的服务质量差、电商平台大宗交易安全支撑不足、远程发货实施中的信任危机、货权归属难证明、货物交易过程烦琐、交易安全级别低、公信力低、记录难追溯等都是钢铁产业链面临的痛点和难点。

针对上述情况，迅鳐成都科技有限公司（以下简称“迅鳐科技”）与攀钢集团——成都积微物联电子商务有限公司（以下简称“积微物联”）

展开合作，共同推出了"基于区块链的仓储管理应用"，创新性地将区块链技术应用在仓储系统中，贯通了金融链、生产链、物流链、供应链，打通了进、存、销、录等资产全生命周期环节，实现了整个产品的闭环，探索了钢铁行业仓储物流服务发展的创新之道。

方案概述

基于区块链技术与钢铁产业链的契合点，迅鳐科技与积微物联共同打造了"基于区块链的仓储管理应用"，即钢铁行业仓储区块链管理平台（以下简称"仓储区块链管理平台"）。该平台的技术路径架构如图 1 所示。

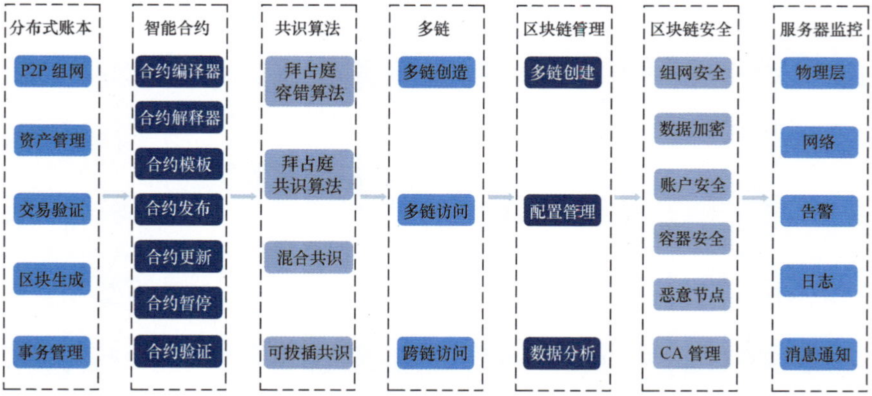

图 1　仓储区块链管理平台的技术路径架构

仓储区块链管理平台负责核心数据的存放，其他业务平台的数据都记录在该区块链上，这样既保证了数据的真实性，又确保了数据的实时同步和共享。仓储区块链管理平台的系统架构如图 2 所示。

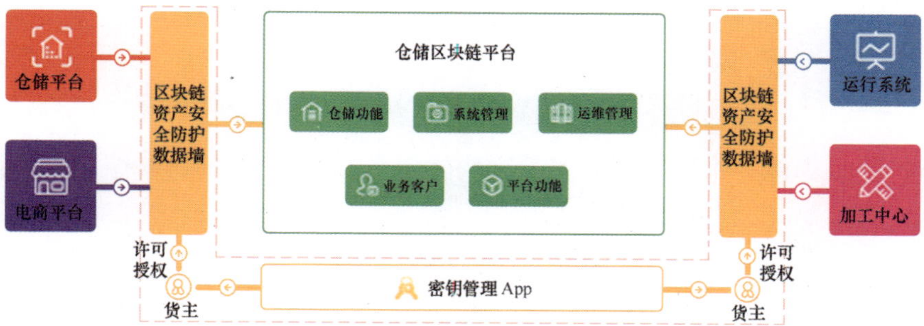

图 2　仓储区块链管理平台的系统架构

迅鳐科技和积微物联重点围绕仓单监管、货权转移进行仓储区块链管理平台的研发，具体围绕钢卷业务开展区块链应用场景的设计和实施，建立钢卷在仓储环节中的区块链存储模型，同时保障物资在出库、入库、货权转移等方面的业务逻辑的可信性和不可抵赖性，形成钢卷仓储业务的区块链典型示范系统。

基于获得信任的不可篡改的数据背书，仓储区块链管理平台以其可信任性、安全性和不可篡改性，使数据的质量获得前所未有的强信任背书。基于丰富可信的大数据，仓储区块链管理平台采用一种不可篡改的、全历史的分布式数据库存储技术，使巨大的区块链数据集合包含每笔交易的全部历史，通过积累获得巨量数据。

仓储区块链管理平台的主要模块功能包括 5 个方面，下面分别予以说明。

仓储功能：系统为被授权的业务系统提供货品入库信息、货品出库信息接口，并为系统用户提供库存查询服务。

系统管理：本模块主要包括系统用户管理和用户权限管理功能。

运维管理：本模块主要用于系统中具体信息的查看，并根据问题级别触发报警机制。

业务客户：本模块主要包括客户信息新增、修改维护、查询功能。

平台功能：本模块主要包括区块链信息展示、数据区块信息查询展示、智能合约管理功能。

货品入库流程，如图 3 所示。

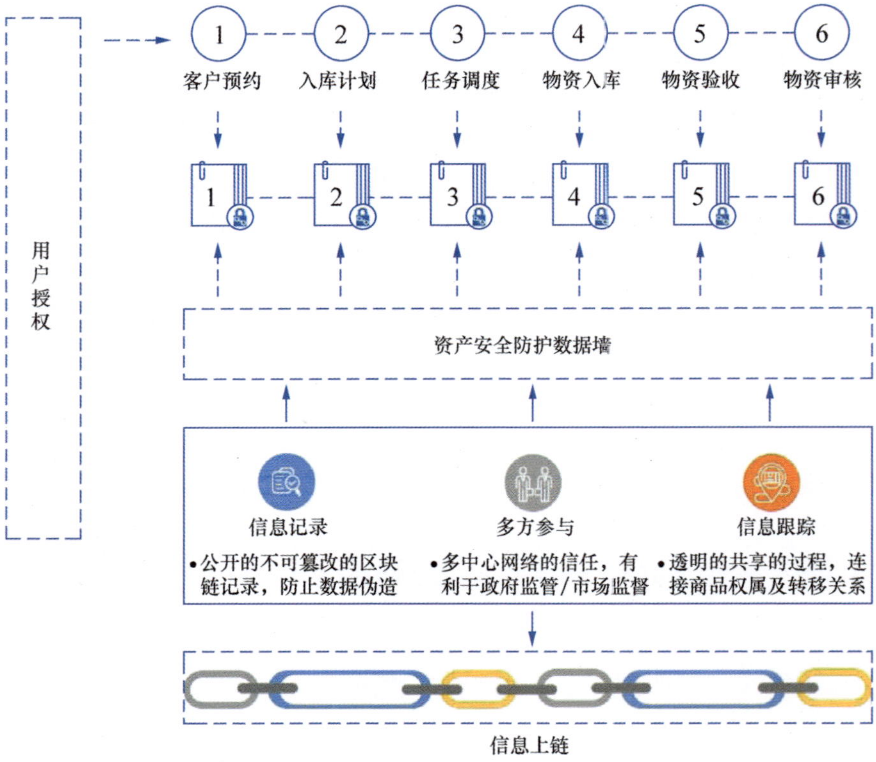

图 3　货品入库流程

由于区块链账本本身不可篡改，因此链上各方可以共同参与账本信息维护，保证写入区块链的数据实时、有序、真实、不可伪造。

痛点解决

传统钢铁行业仓储平台在现存业务中的应用往往存在金融信息共享不畅的问题，导致服务质量差、电商平台大宗交易安全支撑不足、远程发货实施中出现信任危机等。具体而言，这些问题主要体现在5个方面。

1. 货权归属难证明

传统渠道需要证明钢材货权归属，需要很多证明材料和烦琐的流程才能确认，会耗费大量不必要的人力、物力。当某件证明材料遗失后，可能导致某些事情失败，如银行因质押贷款材料不充分而拒贷等。

2. 货物交易过程烦琐

传统钢材的买卖行为，需要买家、卖家、仓库三方多次用电话、传真等通信方式沟通确认，过程烦琐。

3. 交易安全级别低

在传统交易流程中，仓库管理者需要花大力气验证货主，货主需要花大力气验证货物的真实情况。

4. 公信力低

在传统流程中，有很多需要人工判断的工作，会发生一些徇私舞弊的情况。

5. 记录难追溯

在传统流程中，从货物入库、出库、货物存放到货权转移的资产全生命周期，需要多套系统协同配合及人工记录录入，导致维护门槛高、记录追溯难等。

仓储区块链管理平台旨在消除上述痛点。该平台可以实现货主实时、可见地拥有自己货物的监管权、他权、处置权。在未经授权的情况下，第三方仓储及物流公司不能篡改、转移货主的货物信息，真正做到了信息全程公证、可溯源，提高了信任程度，可以有效防止内部腐败，缩短了业务流程，实现了降本提效。

仓储区块链管理平台实现了钢铁仓储管理的创新实践，取得了显著成效。

第一，降低了成本。该平台通过区块链将物流、信息流、资金流打通，增强了管理的有效性，有效降低了仓储、物流、加工等成本费用，据内部估算，2018 年前两个季度与 2017 年同期相比，降低了 30% 的仓储、物流及加工成本。

第二，提高了效率。该平台通过区块链打通并有效控制了电商、生产、加工、物流、仓储等系统，使物流、资金流、信息流保持一致，提高了业务效率。例如，金融的货权转移，原来双方确认、交易凭证、商家发确认函等环节在处理迅速的情况下也需要 2~24 小时，现在可以秒级完成。

第三，控制了风险。在货权信息不通而导致仓库赔单的情况下，该平台可以明确货权；在电商平台大宗交易安全支撑不足的情况下，买方利用该平台可以远程下单提货；在远程发货的情况下，卖方利用该平台不仅可以瞬间发货，而且能够保证货权安全。

创新亮点

相较于传统仓储平台，仓储区块链管理平台具有三大显著特征。

1. 难以篡改和加密安全性

传统的交易流程需要交易双方及仓库管理方多次确认身份及交易细节。买方只有在获得卖方的相关提货授权文件后，才能到仓库取货，不仅流程烦琐，而且伪造成本低，降低了安全系数。

区块链之所以具备不可篡改、可追溯、非对称加密的特性，是因为其采用公钥、私钥非对称加密的方式来保证交易安全。一个公钥对应一个私钥，大家都知道的是公钥，如标识着你身份的保险柜；只有自己知道的是私钥，如你的保险柜钥匙。

2. 智能合约

通常，纸质合约只是具有法律效力的文件，并不负责过程的实施。区块链智能合约则是以自动的方式，将权利和义务的关系以程序的形式呈现。智能合约使数字化承诺在满足触发条件时被自动执行，而不会产生或者修改智能合约。这样就能公正、公平地对待不同商家间的利益关系，避免人为干扰。

当一笔交易发起时，经过交易双方确认后，即在区块链中签署了一份含有交易双方电子签名的电子合同。系统自动执行合同内容，将卖方的交易资产放到买方的保险柜中，并将买方的购买货币放到卖方的保险柜中。之后，双方用各自的保险柜钥匙去各自的保险柜取东西。至此，电子合同履行完成，缩减了交易流程，提高了交易的安全性。

3. 可靠数据库

在传统流程中，资产全生命周期需要人工记录并录入，会发生一些徇私舞弊的情况。在区块链网络中，每个节点都拥有最新的完整数据库拷贝，修改单个节点的数据库是无效的，因为系统会自动比较，认为出现最多次的相同数据记录为真，将单个人工参与记录的部分都交由整个链上节点来完成，把恶意修改记录的可能性降到零。

应用成果

2017 年 4 月，积微物联联合迅鳐科技，通过电子科技大学网络空间安全研究中心实现区块链技术的产业成果转化，共同在区块链及大数据技术的产业应用上展开合作，并于 2017 年 7 月成立了西南地区首个区块链研究所。

积微物联联合迅鳐科技，通过科研院校与实力科技企业的结合，以“产、学、研”的形式，利用区块链技术着力解决钢铁行业在加工配送、仓储物流、产业链融合等方面的诸多痛点，努力实现高效、可信、安全，全力构建智慧物流生态圈，打造西南最大的基于区块链的工业互联网平台和物流园综合体。

利用区块链技术打造的全新的平台应用成果于 2017 年 12 月 12 日正式发布。该平台通过区块链技术将传统的“*N* 个系统交叉打通”的模式转变为“区块链总线系统进行安全的信息打通”的模式，实现了货权明确、信任传递、货物全程追溯，真正地把钢卷变成表单，把交易变成信用，把数据变成黄金。

据应用单位的内部估算，2018 年前两个季度比 2017 年同期降低了 30% 的仓储、物流及加工成本。同时，通过区块链打通并有效控制了电商、生产、加工、物流、仓储等系统，使物流、资金流、信息流保持一致，大大提高了业务效率，做到了降本提效，并有效控制了难以明确货权归属、交易安全级别低、公信力低等问题。

迅鳐科技助力积微物联仓储区块链管理平台应用落地，形成了链上一系列具有公信力的表单数据，真正地将“仓储、物流、循环加工、电商交易”可信串接起来，将钢铁产业互联网平台从追求“交易效率化的模式”转变为“供应链优化的模式”，解决了传统业务中存在的“供应链枷锁”效应，在国内形成了首个进行大宗商品交易的可信交易模式。

值得一提的是，该项目为制造物流行业采用区块链技术实现“降本提效”树立了行业典范，对于区块链技术“赋能实体经济”具有积极的推动意义，是区块链助力工业互联网和智能制造发展的有效探索。

区块链司法电子证据云

实施单位

北京中经天平科技有限公司

参与完成人员名单

柳畅、王凯、周波、王博、高婕、孟蝶

引言

随着网络信息化的发展，电子证据量激增，然而电子证据普遍存在易消失、易篡改、技术依赖性强等问题，司法机构在电子证据存证、取证、示证等方面面临着新的挑战。尤其是与书证、物证等传统实物证据相比，电子证据的真实性、关联性、合法性的司法审查认定的难度更大。

针对电子证据不易保存、取证难、可信度差等问题，北京中经天平科技有限公司（以下简称“中经天平”）协调全国多家法院、中国司法大数据研究院、国家授时中心、国家信息中心、国家互联网应急中心、中国信息协会法律分会、司法鉴定中心等业界各方，基于区块链技术，通过融合技术和体制资源，解决区块链司法存取证困难并提供“一站式”版权服务。

方案概述

基于区块链的司法电子证据云（以下简称“证据云”），由区块链技术结合司法资源及权威政务级节点，为机关单位、企业用户、个人用户等提供不同数据类型的文件，并提供全方位电子数据存证保全、电子证据管理、可信时间认证、法院核验、司法鉴定等服务。这样，在发生纠纷时，用户即可从容应对、高效维权。

一、平台功能

证据云的架构如图 1 所示，包含身份校验、证据认证、电子取证、证据存储、法院核验 5 个部分。

身份校验：对存证发起人的身份信息通过公安部身份数据进行实名校验，“人像 + 身份证件”快速鉴定信息真伪，对特殊身份进行风险预警。

证据认证：电子证据的摘要信息可以通过区块链进行分布式存储，不能增加、删除、修改，可做行文、时间追溯。

电子取证：支持互联网取证、视频取证、手机 App 取证及其他类型的取证。

证据存储：将提取后的证据进行镜像映射和光磁固化。

法院核验：可在天津高院、吉林高院、郑州中院、郫都法院、杭州互联网法院等法院的电子证据平台对存证保全证书、可信时间等进行验证。

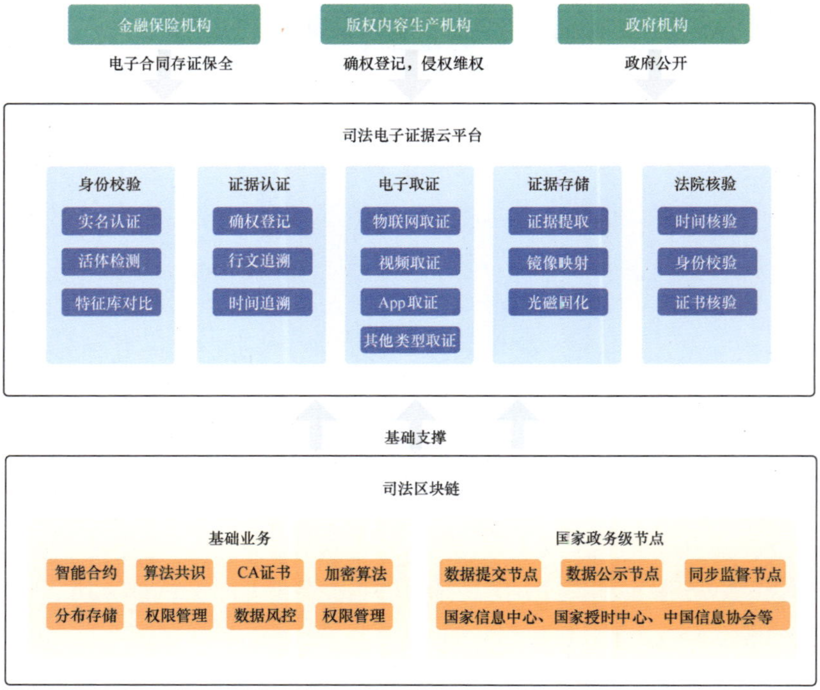

图 1　证据云的架构

二、总体业务流程

以版权为例，证据云的总体业务流程包括 5 个方面，如图 2 所示。

版权存证：对原创内容的摘要信息进行提取，同步上传至司法电子证据云，可获得存证保全证书和由国家授时中心出具的可信时间认证证书。

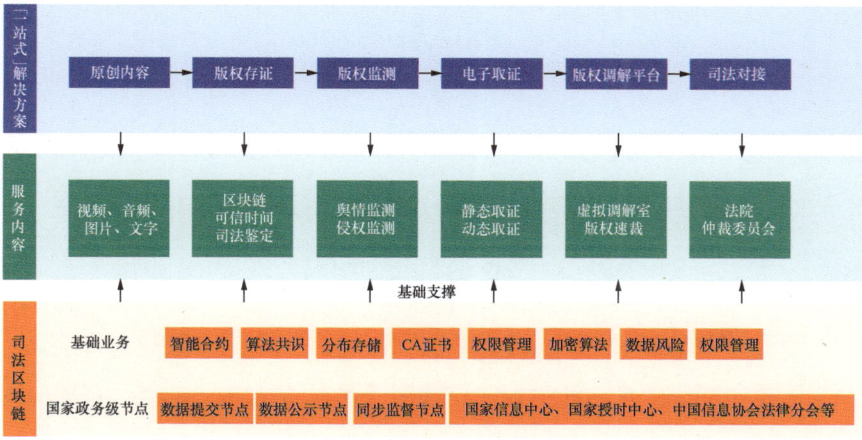

图 2　证据云的总体业务流程

版权监测：通过网络爬虫技术与视音频指纹比对技术实现全网络传播监测。

电子取证：由中经天平集成电子签名、可信时间戳、哈希值、区块链、云服务等多种技术研发的自动化取证系统，可以实现视音图文作品在多种传播渠道下的自动化电子取证，并将证据链同步存储到各级人民法院的电子证据平台中，为事后诉讼提供有效的支撑。

版权调解平台：为应对当前因互联网版权纠纷案件高速增长而引发的新情况、新问题，探索缓解法院审判压力的多元调解机制，中经天平在中国版权保护中心的专业指导下，借鉴最高人民法院中国司法大数据研究院“智慧法院平台系统”的成熟经验，成功完成了“版权线上调解平台系统”的开发和运行。

司法对接：中经天平的证据云平台与全国多家法院、仲裁委员会实现电子证据数据共享，后者可实时调取证据进行核验，高效方便。

痛点解决

相较于传统案件，互联网案件具有案情类同、数量巨大、小额分散、缺少书面证据等特点，客观上要求打破通过鉴定程序认定真实性的单一途径，而采取技术手段和相关配套机制来提高取证效率，同时认定证据的真实性和有效性。

传统的存证取证工具和方式存在很大的弊端。若当事人自己通过电子设备进行存证，截图、录像、录音等内容的真实性、中立性就会备受质疑；若到公证处进行公证，可以满足效力性要求，但当侵权行为发生的时间不确定、侵权行为分布的地域广泛、存证需求量较大时，公证难以满足企业全面、高效、低成本的需求。

中经天平通过结合最新的区块链分布式存储、加密技术和现实中的司法资源，真正做到证据不可篡改、时间链可信、权威政务级节点和法院电子证据平台可核验，从而提高证据的采信率。

证据云采用系统全自动化取证，结合区块链分布式存储等权威技术手段，使电子证据的真实性和证明效力得到极大的提升，并通过多方权威政务级机构联合溯源，使电子证据形成了具备强说服力的司法链，便于司法机关快速认定事实，对电子证据予以采信，使电子存证在司法审判领域获得更多的认可。

创新亮点

证据云平台的搭建和实施，在取证技术、核验方式、司法效力、时间维度 4 个方面均有所创新。

1. 取证技术创新——实时云存证

传统的电子取证是在本地化取证操作结束后再上传到云端，取证环境的清洁性、安全性和从取证至上传完成的篡改可能性等都是双方对证据有效性争议的焦点。证据云通过云端镜像实时存储的独立取证环境，全流程自动安全自检监测，杜绝篡改的可能性。

2. 核验方式创新——时间固化证据

传统时间戳存在单一时刻本地采集、无法溯源查询、无时间机构验证的问题。证据云通过国家授时中心可信时间源提供标准时钟和时间服务，为数据保全提供可信且可在国家授时中心官网查验、追溯的服务，从而保证证据的时效性、原始性和准确性。同时，证据云在取证环节创新性地增加了“时间链”，通过“时间链”可以对整个取证过程进行多个时间点的认证，使取证行为在完整性和连贯性上有了更好的依据，真正实现了时间固化证据。

3. 司法效力创新——权威机构证明

传统电子存认证服务的主体全部为商业机构，由于传统的电子取证是向委托人收取费用后再出具证明，因此无法排除利益关联。证据云依托多个国家级、非商业、政务性机构证明节点，从电子证据生成之初介入电子证据保全过程，将关键要素的信息固定，利用区块链分布式、“去中心化"、无法篡改的特性，保证取证和存证的真实性。通过政务级节点，既可以增加权威机构对证据链的审核监管机制，又可以杜绝人为干扰证据的现象发生。

4. 时间维度创新——批量核验模式

传统证据核验只能通过对该企业的商业网站进行取证这种模式核验，属于"手工操作"。证据云通过区块链技术分布镜像存储在国家授时中心、国家信息中心电子政务外网、国家互联网应急中心等多个政务性服务器上，审判法院可以通过 API 接口直接调用存储日志目录，基于多源相互验证及接口快速对接实现批量查验认证，属于"批量自动操作"。这对于法院处理数以百万计的互联网版权、互联网金融案件具有巨大的意义，是真正打通互联网审判瓶颈、提升效率的关键环节。

应用成果

一、存证保全服务

证据云协助北京字节跳动科技有限公司法务团队全程批量自动取证，并将侵权内容存储于司法区块链。

作为北京互联网法院第一案，北京字节跳动科技有限公司的短视频平台"抖音"诉称，百度旗下的"伙拍小视频"大量抄袭搬运抖音创作者创作的视频，要求百度公司停止侵权、赔礼道歉，并赔偿经济损失 100 万元及合理支出 5 万元。此案件是首个短视频平台帮助用户维权的案件，也是

"15秒短视频"这种作品形式的首个诉讼案件。案件提交的侵权电子证据，均通过中经天平证据云平台进行取证，这也是短视频行业在维权中首次使用"区块链"这个前沿技术。该案已入选全国十大知识产权案件。

二、郑州中院电子证据平台证据核验服务

为适应新变化，郑州市中级人民法院上线电子证据平台，有效解决了当事人收集电子证据存在的困难，节约了庭审举证质证的时间和经济成本。

用户通过郑州法院诉讼服务网首页的电子证据版块，点击进入郑州中院电子证据平台，可以看到支持证据核验、电子存证、电子取证、区块链公示等服务，区块链溯源、节点校验等即将开通。其中，视听材料、电子证据（包括电子合同等）可以直接通过网页选择文件上传，区块链领域常用的哈希值校验也可以使用。

该平台对当事人需求较大的3类案件都提供了对应验证和解决方案，如版权类的原创文章、短视频、电子书刊等，以及互联网金融类的理财、借贷纠纷、逃废债等，网络电子商务平台的电子合同等问题都可以直接核验并固定证据。除此之外，该平台还首次提供了区块链溯源、节点校验、账户校验等核验服务。

三、遗嘱备案存证服务

2018年8月，证据云与中华遗嘱库完成技术对接，区块链技术将在登记遗嘱中提供服务。中华遗嘱库面向年满60周岁的老年人免费办理遗

嘱咨询、登记和保管服务，将老人所立遗嘱的电子数据文件哈希值保存在区块链中，继承人可以通过证据云的查验入口，对中华遗嘱库提交的遗嘱文件进行时间、文件种类查验。区块链电子存证技术的引入，在提高老年人服务质量的同时也维护了老年人的合法财产和继承权益，发挥了社会组织在社会管理创新中的积极作用。

纸贵区块链版权存证平台

实施单位

西安纸贵互联网科技有限公司

参与完成人员名单

陈昌、王昊、杨文韬、易晓春、颜振强、康凯、李聪、范周周、李彤、王博、孙晨昕、杨扬、陈名佳、郝翰、刘学喆

引言

随着互联网技术的蓬勃发展，传统版权制品的生产端、传播渠道、呈现端、消费端均向数字化升级转型。随之而来的是传统著作权登记方式“手续繁、周期长、成本高”与网络时代的作品“产量多、传播快”之间的矛盾逐渐加深。同时，“中心化”的管理使版权登记信息透明度差，出现版权作品确权难、举证维权流程烦琐且渠道有限、版权使用授权复杂、版权交易不透明等诸多问题。

区块链作为一种难以篡改和伪造的分布式账本，天然适用于解决上

述问题，它极大地简化了版权登记、版权检索、版权交易、版税结算、侵权举报、维权申诉等环节，实现了最大化的版权保护。

西安纸贵互联网科技有限公司（以下简称"纸贵科技"）作为国内领先的版权与区块链应用服务提供者，精耕版权存证产品，持续打磨专业的全类型版权存证平台——"纸贵区块链版权存证平台"，并建立可信任的版权数据库，提供版权确权、侵权取证、法律维权、知识产权证券化等相关服务。

方案概述

纸贵区块链版权存证平台基于区块链的电子数据存证技术，将原创作品的登记时间和数字指纹信息存储在自主研发的纸贵联盟链（Z-Ledger）上，对数字作品进行免费在线登记，并提供区块链版权登记证书，明确原创作品的版权归属。同时，纸贵科技建立了自动化、智能化的集团规模版权数据库，高效快速地对数字作品的版权归属进行检索查询。

纸贵科技与陕西省版权局、杭州市之江公证处合作，提供版权数据存证、在线公证、侵权监测、法律维权、IP 孵化的全生态服务；针对独立作家等 C 端用户，提供传统版权线上登记和区块链版权登记确权及公证；针对机构用户，提供企业级版权存证解决方案及定制化服务。

纸贵区块链版权存证平台的业务逻辑体现在以下 5 个层面。

第一，纸贵区块链版权登记是以“时间戳 + 区块链”为核心。其中，时间戳完全符合《电子签名法》的相关规定，具有很高的司法效力；区块链版权存证服务将版权登记的“申请人 + 存证时间 + 存证内容”三者合并加密，每条版权信息都将永久保存、不可篡改。平台版权登记全流程如图 1 所示。

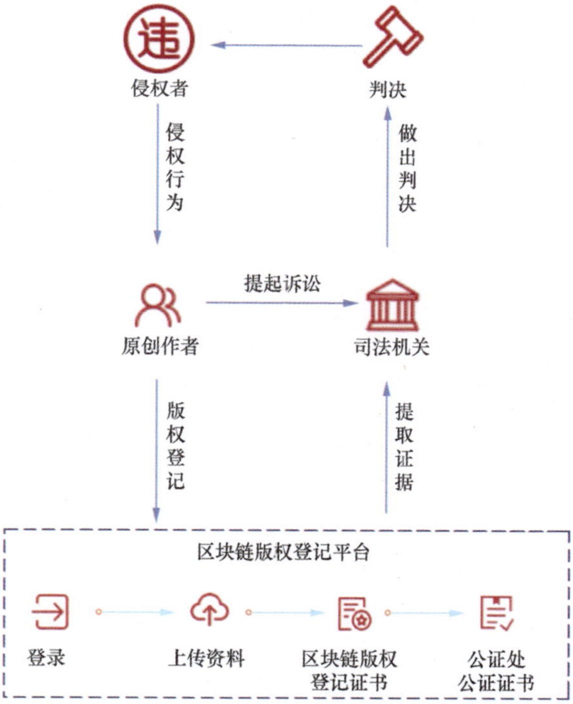

图 1　平台版权登记全流程

第二，区块链版权存证的所有信息均同步至公证处，保证任何时刻均可出具公证证明，具有最高司法效力。在公证处内网布置服务器，存证主体直接为公证处。

第三，版权监测系统将侵权的统一资源定位符（Uniform Resource

Locator，URL）地址提交给侵权取证系统。侵权取证系统对 URL 地址进行域名解析，对侵权网页进行抓取形成证据，并将取证结果保存到纸贵联盟链中。取证结果真实有效，不可篡改，符合法律要求。

第四，当发现侵权行为时，快速调用纸贵区块链即服务（Blockchain a Service，BaaS）服务器中的侵权取证接口，对侵权网站进行页面抓取取证，并将取证结果保存在纸贵联盟链中，此结果不可篡改、永久有效。

第五，系统对侵权 URL 的地址进行域名解析，对解析后的页面自动进行页面抓取或录屏操作，将侵权行为固化为证据并予以保存。固化后的证据保存在区块链中，数据永久存储且不可篡改，符合法律对电子证据的要求。

纸贵区块链版权存证平台的服务包含版权存证、版权检测追踪、侵权取证与追踪 3 个部分。

一、版权存证

选择文件、获取数据指纹：选择需要存证的文件，通过哈希算法计算出该文件的数据指纹。

数据写入区块链：在用户确认后，系统将得到的数据指纹写入区块链中，一旦写入就无法篡改。

获取保留存证结果：根据用户的需求生成证书，供用户保留；也可以根据用户的需求提供纸质书面报告。

数字指纹验证：根据用户的需求，在用户对存证的指纹进行验证时，提供数字指纹比对查询。

纸贵区块链版权存证全流程如图 2 所示。

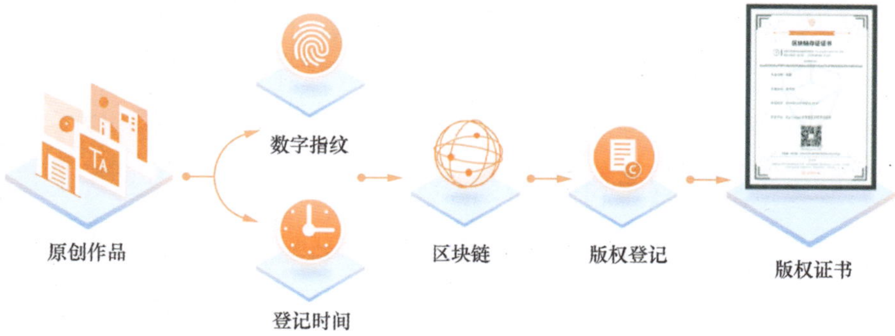

图 2　纸贵区块链版权存证全流程

二、版权检测追踪

生成作品哈希值： 针对参与登记的版权作品，生成唯一的哈希值，并在纸贵联盟链上予以登记。

全网检测： 提供重点网站自动化爬虫，将监测到的内容与作品进行匹配，相似度一旦达到阈值，就自动进行侵权预取证操作。

侵权匹配： 对已经进行侵权预取证的内容持续追踪和进一步分析匹配。如果显示待确认侵权，则直接进行侵权取证。

三、侵权取证与追踪

侵权取证： 当发现侵权行为时，快速调用版权服务中的侵权取证接口，对侵权网站进行页面抓取取证，并将取证结果保存在纸贵联盟链中；系统对侵权 URL 的地址进行域名解析，通过预言机服务对 URL 的侵权内容进行存储，并生成可供第三方检测的存证过程的合理性证据，将侵权行为固化为证据保存在区块链中，数据永久存储且不可篡改，符合法律对电子证据的要求。

侵权追踪：对于已经进行侵权存证操作的侵权内容，纸贵区块链版权存证平台提供持续性的侵权监控、侵权追踪等服务，确保侵权方对侵权内容采取相应的措施予以处理。

纸贵区块链版权存证平台的侵权取证流程如图 3 所示。

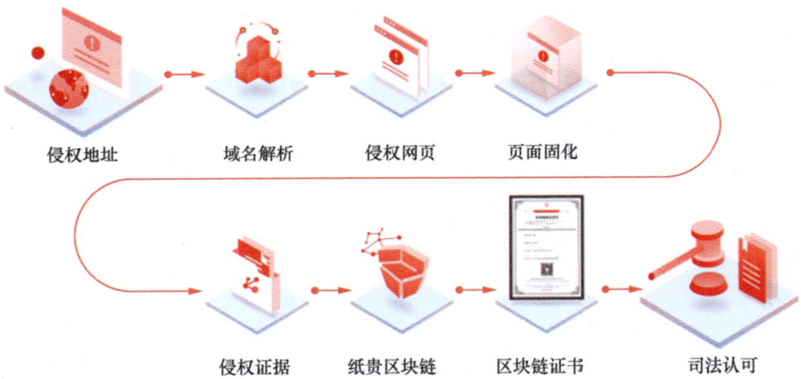

图 3　纸贵区块链版权存证平台的侵权取证流程

痛点解决

在数字传播的环境下，传统版权登记无法满足网络时代作品的特性，存在以下 3 个问题。

其一，互联网时刻会产生大量的数字作品，传统著作权的登记方式手续繁、周期长、成本高，难以实时批量登记，无法满足网络创作群体的版权需求，版权作品确权难。

其二，在鼓励分享的互联网环境中，原创作品的版权验证、侵权取证是司法举证的难点，导致法律诉讼成本高。

其三，目前的版权交易按层级结构进行分发，版权使用授权复杂、版权交易难以追踪，内容原生作者收益甚微。

基于区块链的“去中心化”、可溯源、防篡改、交易透明等特性，纸贵科技打造的全类型版权存证平台产品——“纸贵区块链版权存证平台”可以很好地解决上述问题。

首先，通过区块链的时间戳、文件哈希、链式存储等技术，可以对音视频、图片、文字等各种类型的数字作品进行批量确权，具有成本低、效率高、时间快等特点，高度适配互联网环境下对原创作品进行版权保护的需要。

其次，基于区块链的电子数据存证技术，版权作品进行确权后，将生成唯一的数字凭证，该凭证同时储存在区块链上的所有电脑中，为数字电子化文件提供审查、登记、存管的“电子身份证”，降低原创作品版权验证和侵权取证的难度。同时，区块链的多元参与机制纳入第三方权威公正节点，例如，公证处对区块链内的登记信息可以提供“证据保全”服务，简化手续，进一步强化其司法效力，为创作者提供更完善的版权综合服务。

最后，区块链技术通过智能合约提供多种灵活的授权形式及条款组合，创作者可与众人及时分享创作作品，也可授权他人对作品进行多次传播。期间，创作者可一直保留对作品的相关权利，在实现作品共享的同时保证创作者的权益。

创新亮点

基于技术、模式等一系列创新，纸贵区块链版权存证平台具有 4 个突出的优势。

全类型存证：支持文本、图片、音频、视频、代码、商标、策划等所有知识产权类型的存证与版权申请，并能实时批量登记。

流程简化、成本低：传统版权登记流程基本需要 30 个工作日才能全部走完，而借助区块链技术，原创作者在线就可以进行版权登记，省时省力，甚至可以与作品创作同步完成。

极速出证：自动化登记流程，提高版权登记效率，在线提交的版权存证需求在 15 分钟内即可定权。

法律效力全球通行："区块链技术 + 国家版权局"的双重登记方式，使纸贵版权存证系统能够满足多种确权需要，法律效力全球通行。

应用成果

纸贵区块链版权存证平台的落地，不仅实现了经济效益，也发挥了积极的社会效益。

相关统计显示，纸贵区块链版权存证平台自 2016 年上线以来，截至 2019 年 3 月 1 日，累计完成音视图文登记逾百万条。

在经济效益上，该平台已登记版权数量 100 万条。按照每条最少节省登记代理费用 500 元计算，节省的登记费用为 100 万条 × 500 元 /

条 = 5 亿元。

在社会效益上，按照传统的线下版权登记方式，每条版权登记需要登记人投入的时间约为 0.5 天 / 人，100 万条版权登记就需要耗时 50 万天。

采用线上区块链版本登记，每条版权登记需要登记人投入的时间约为 5 分钟，按照 100 万条计算，就是 100 万条 ×5 分钟 / 人 / 条 =500 万分钟 =0.3472 万天。

与传统版权的登记方式相比，采用区块链线上登记的方式，极大地节约了时间成本：50 万天 − 0.3472 万天 =49.6528 万天。

值得一提的是，纸贵区块链版权存证平台为原创者和原创平台提供“区块链版权存证 + 在线公证”的全类型区块链版权保护服务，并基于百万级版权数据库在知识产权（Intellectual Property，IP）孵化上深入布局，让版权资产标准化流通成为可能，使任何有版权服务需求的个人或组织能够很快地参与到纸贵的版权生态中来。

淮海经济区警务区块链共享协作平台

实施单位

徐州市公安局

江苏中兴华易科技发展有限公司

参与完成人员名单

张丰程、钮加强、卢兴亚、杨峰、田江磊、郭雷雷、张鹏、张再军、张小艳、易君召

引言

有“五省通衢”之称的徐州市，受特殊地理区位影响，流窜案件频发，如何有效打击流窜犯罪成为徐州市公安局探索的重点。近年来，大数据技术的兴起为流窜案件的治理提供了解决之道。然而，目前淮海经济区各城市在数据安全、警务协作责任主体等问题上依然存在顾虑，通过传统技术难以实现地市间的数据共享和协作。

为了解决实际工作中长期存在的“痛点”，考虑到具备分布式、可追

溯、不可篡改等特性的区块链技术在不同主体间的信息安全共享以及存证等方面具有天然的优势，徐州市公安局联合江苏中兴华易科技发展有限公司，开展警务区块链数据共享关键技术研究，共同研发“淮海经济区警务区块链共享协作平台”（以下简称“共享协作平台”），尝试解决跨区域数据共享和警务协作痛点问题。

方案概述

共享协作平台基于区块链开源社区技术最强、最有活力的超级账本结构（Hyperledger Fabric）技术搭建。

一、功能架构

共享协作平台分为平台层和应用层，平台的总体功能架构如图 1 所示。

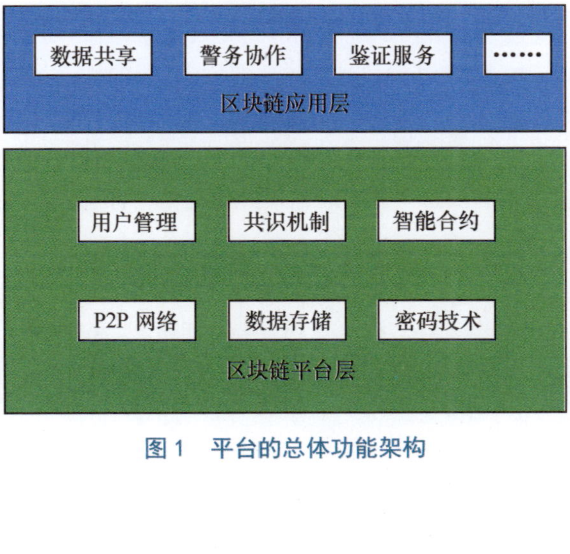

图 1　平台的总体功能架构

平台层通过多方共同维护、数据块的链式结构存储、密码技术保证传输和访问安全等技术手段达到数据一致存储、无法篡改以及无法抵赖的目的。

应用层是基于区块链平台层的基本能力开发出来的应用或者应用集合，可以通过 API、结构化查询语言（Structured Query Language，SQL）等方式与平台层进行交互。

二、业务流程

共享协作平台的新建节点包含区块链节点和前置业务系统，通过前置业务系统与现网的公安业务系统对接并支撑异构数据源处理，业务数据和过程数据通过共享账本保存，实现防篡改功能。数据的共享和权限通过智能合约来实现并保障权限和安全。

针对轻量级数据和布控等警务协作数据，共享协作平台的总体业务流程设计如图 2 所示。

轻量级数据共享业务流程分为以下 3 个步骤。

元数据采集：将业务系统中的原始数据采集到区块链系统的前置业务系统中，并进行必要的治理，形成上链元数据。

元数据上链：治理后的元数据由前置业务系统上链，上链过程需要对应公安机关的私钥进行签名。

账本同步：区块链的个人对个人（Peer to Peer，P2P）协议以及背书一致性共识算法，保障上链的元数据在联盟链的所有节点进行广播和验证，并最终在所有节点的账本中保存数据。

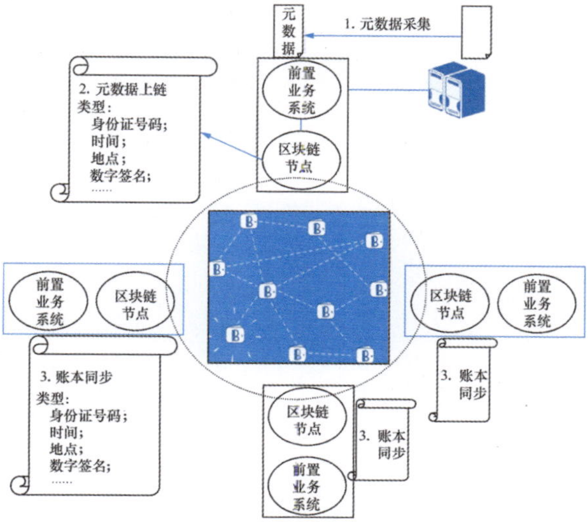

图 2　轻量级数据共享业务流程

数据使用方在自己的区块链节点，可以根据权限规则使用权限内的数据，该数据可以是本公安机关的数据，也可以是其他公安机关共享的数据。

针对大体量且使用频次不高的数据，共享协作平台的总体业务流程设计如图 3 所示。

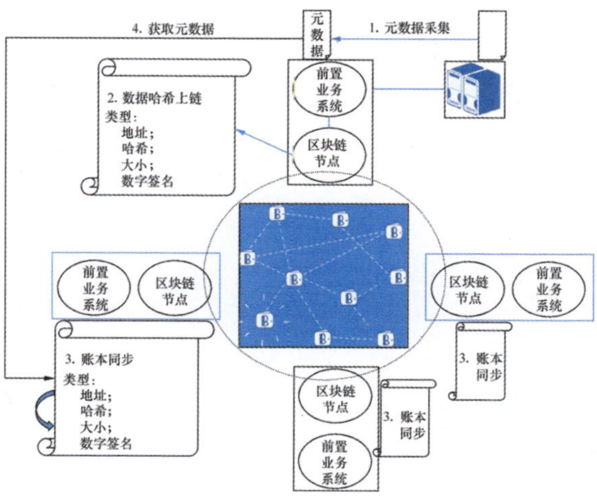

图 3　大体量数据共享业务流程

大体量数据共享业务流程分为以下 3 个步骤。

元数据采集：将业务系统中的原始数据采集录入区块链系统的前置业务系统中，并进行必要的治理，形成上链元数据。这个步骤在两种方式下是一致的。

元数据上链：治理后的元数据先进行哈希运算，数据哈希连同数据地址、大小、类型等特征值由前置业务系统上链，上链过程同样需要对应公安机关的私钥进行签名。

账本同步：区块链的 P2P 协议以及背书一致性共识算法，保障上链的元数据的哈希、地址等特征值在联盟链的所有节点进行广播和验证，并最终在所有节点的账本中保存数据。

数据使用方在自己的区块链节点，根据权限规则可使用权限内的数据，该数据可以是本公安机关的数据，也可以是其他公安机关共享的数据。在使用数据时，并不能直接使用元数据，而需要在账本里通过元数据的地址先找到元数据，然后将元数据再一次进行哈希，对比链上的哈希值，确认数据没有被篡改。

痛点解决

当前，全国各级各地公安机关都在大力进行大数据、智慧警务建设，并取得了丰硕的成果，但由于机制体制、安全和硬件投入等客观因素，部分数据并未汇集，或仅在地市级以下公安机关进行了汇集，而且汇集治理后共享程度不够，特别是不同省份跨区域城市间的数据共享仍不充分，警务协作的时效性不够强。

伴随着公安信息资源的快速增长，数据质量不高、处理能力不强、标准规范不足、共享应用不够、专业应用不深等问题凸显，迫切需要以新的思路、新的方法、新的技术解决存在的问题，应对数据资源海量化、异构化及应用需求多样化、复杂化等带来的挑战。

各级公安机关快速积累并不断增长的信息数据已成为继警力资源、装备资源之后的新一类核心资源。如何快速挖掘其内在价值，转化为现实战斗力，更深层次地保障公安工作的开展，已成为公安信息化亟须解决的关键问题。

区块链不可篡改、“去中心化”、数据加密以及信任传递的特征，能够为跨区域警务信息共享协作提供互信互认的数据共享技术支撑，解决数据的安全可信共享、责任认定等问题，实现警务信息共享协作的高效运转。

1.“去中心化”解决公安信息共享问题

区块链技术“去中心化”的解决方案能够将不同地域、不同部门的数据资源进行分布式管理，形成一个分布的、全监督的综合性“去中心化”网络，信息共享、协作的各方均保存一个完整的档案副本，便于搜索、查询、共享，极大地提高了数据共享的便捷性与安全性。

2. 解决跨省市公安信息信任风险问题

区块链技术具有开源、透明的特性，系统的参与者能够知晓系统的运行规则。在区块链技术的作用下，每个数据节点都可以验证信息的真实性和完整性，确保数据是可靠的、没有被篡改的，提高了系统的可追溯性，降低了系统的信任风险。

将区块链技术应用到警务信息共享协作，能够保证原始信息的准确性，记录信息修改的全部过程，防止数据被人为恶意篡改，提升信息共享协作的可信度。

3. 自治性和不可篡改性解决公安信息安全问题

区块链技术是天然的、安全的数据保护方案，可以通过多签名私钥和加密技术来防止数据的泄露，适用于公安业务的诸多场景。当数据被哈希后放置在区块链上时，使用多签名技术能够让那些获得授权的节点进行数据访问，根据特殊需求还可以设计出更复杂的数据访问规则。

数据的丢失备份保护更是区块链的天然优势，因为每个节点都储存着完整的数据备份，即使某个节点或某节点的部分数据丢失，也不会影响整个区块链网络的运行。

徐州市公安局联合江苏中兴华易科技发展有限公司，通过区块链技术搭建共享协作平台，很好地解决了上述问题。

创新亮点

无论是在技术上还是在业务模式上，共享协作平台都进行了创新。

一、技术创新实现安全稳定的警务数据共享

由于淮海经济区各地市间没有直接的行政管辖，因此利用传统数据库技术实现数据共享存在一定的障碍。出于对数据私有性和安全性的考

虑，长期以来，各地在相关部委和省政府的推动下实现了各自行政区域内的部分数据共享，但实际工作中需要的大量数据还未实现共享。

共享协作平台以区块链技术“去中心化”的解决方案，“错位”省级和部级应用，对不同地市的各类数据资源进行分布式管理，形成一个分布式的、同权的综合性“去中心化”共享网络。各个地市节点均保存一份完整加密的数据副本，便于在本地实现搜索、查询等服务，即使某个节点掉线或某个节点的部分数据丢失，也不会对整个区块链网络的数据安全和正常运行造成较大的影响，从而提高了系统的稳定性。

二、开创性解决公安协作信任风险问题

共享协作平台充分发挥了区块链分布式记账的优势，提高了对人员、车辆跨区域协查布控的时效性，明确了协作的法律责任主体。

在传统模式下，常规跨省布控流程需要案发地开具立案决定书、居留证以及审批文书，层层上报到省厅，由省厅间协作后将布控信息下发到具体的协作单位。淮海经济区各地市间的距离很短，在交通、物流高度发达的社会背景下，常规布控流程的时效性难以满足工作需要。

由于区块链的各个数据块经过签名私钥加密验证且一个个首尾相连，因此能够保证原始信息的准确性，可以记录信息修改的全部过程，并防止数据被人为恶意篡改，可以有效记录布控协查的发布主体。这意味着系统的参与者能够知晓系统的运行规则，每个数据节点都可以验证信息的真实性和完整性，确保了数据的可靠性和不可篡改性，提高了各项业

务的可追溯性；同时，以“数字证书 + 人脸识别”的方式认证协查布控的发布主体，可有效防止“抵赖”行为；此外，通过签署多方合作协议，还能够实现协作流程的共识，简化一系列的证明和手续，提高跨区域协作的时效性。

三、“扬长避短”新旧结合实现各类应用

区块链技术虽然具有很多优点，但也存在很多先天不足，单纯依靠区块链技术很难满足各类警务应用。

区块链对各个数据区块加密保存，保证了数据的安全可靠，但同时也使其无法进行大数据统计与分析。在技术研究和平台研发过程中，经过反复实验，共享协作平台最终确定通过与传统数据库相结合，以区块链技术实现权限划分和日志记录，以传统数据库实现大数据应用的方式，实现平台的高级查询、报表统计、权限划分等功能。

值得一提的是，共享协作平台以业务对接为主线，规避区块链处理“大体积”效率低的缺点。区块链的各个区块的数据存储能力较弱，对于大量单体占用存储空间较大的数据（如图片、视频等）的文件处理能力较弱。因此，共享协作平台通过对各地市的数据进行脱敏脱密处理后，利用传统数据库满足各类平台对数据的应用需求。共享协作平台只对每个节点数据的使用情况记录上链，利用平台调取被比较数据的具体案件数据，进行结果认定，从而实现各类系统的业务对接。

应用成果

共享协作平台经过十大类功能点、93 项区块链技术指标的严格评测，在 2018 年 10 月由中国信息通信研究院召开的“2018 可信区块链峰会”上，被评为“2018 可信区块链峰会十大应用案例”，这表明基于项目研究的共享协作平台符合国内区块链的主要技术指标。

目前，共享协作平台已在以徐州为中心的淮海经济区 4 省 7 个地市公安局部署应用，已共享警情、案件、旅馆住宿、网吧上网、布控协查等数据 1.5 亿余条，有力地提升了警务信息共享协作实战效能。

"链上清镇·智惠城乡"智能诚信管理平台

实施单位

中共清镇市委宣传部

清镇远东科技管理有限公司

参与完成人员名单

李瑞、孙绍雪、王鸣明、吴筑蓉、邓明玉、李俊、舒波、张箭、唐玉智、王国松、田地、王祥、程广辉、陈冠璋、王静、张颖涛、田仁山、李岩、肖小静、金晶

引言

随着我国社会经济的发展，诚信体系建设的重要性不断提升。自2009年以来，贵州清镇市不断探索农民致富的新路子，在全市开展诚信农民、诚信村组、诚信乡镇创建活动，取得了不俗的成绩。不过，在实际工作的开展中依然面临一些挑战，如诚信信息采集归集不全、共享流通不畅、联合奖惩力度不足等。

作为贵阳市治理科技的试点，清镇市拟以“链上清镇”为载体，充分结合“区块链”技术落地运用的试点任务，开发基于区块链技术的诚信管理平台，夯实诚信体系建设的信息基础设施建设工作，以“诚信‘你我’·公平共享”为目标，推动场景应用，全力打造公平共享创新型数智城市。

方案概述

“链上清镇·智惠城乡”智能诚信管理平台（以下简称“智能诚信管理平台”），由区块链监测支撑系统、统一接口服务系统、分布式数字身份管理系统、区块链浏览器、诚信平台数据上链工具、Spark 系统定制开发 6 个部分构成。

1. 区块链监测支撑系统

区块链监测支撑系统包括节点监控管理、区块监控管理、交易监控管理和事务监控管理，分别用于对于区块链部署节点状态、区块高度、交易数量和相关事务的管理。

2. 统一接口服务系统

统一接口服务系统包括数据存证、状态更新、数据读取、获取节点信息、获取区块信息等。

3. 分布式数字身份管理系统

分布式数字身份管理系统包括分布式数字身份的生成与销毁，通过密码学算法保证分布式数字身份不重复且具有唯一性，分布式数字身份的属性管理主要包括针对分布式数字身份的相关属性管理。

4. 区块链浏览器

区块链浏览器包括可视化基础框架的开发、区块链的相关指标设计与实现，以及浏览器和区块链节点的消息通信，具体功能包括查看最新区块高度、交易数量、连接节点数量、分布式数字身份（Decentralized ID，DID）数量等。

5. 诚信平台数据上链工具

诚信平台数据上链工具包括数据上链系统以及数据上链监控工具，用于展示数据上链的集成过程和错误报警。

6. Spark 系统定制开发

Spark[1] 基于内存，是云计算领域继分布式文件系统（Hadoop Distributed File System，Hadoop）之后的下一代热门的、通用的并行计算框架开源项目，尤其能够出色地支持交互式查询（Interactive Query）、流计算、图计算等。智能诚信管理平台提供并行化的统计库和机器学习库，提供分类、聚类、关联、推荐、回归、决策树等多种算法类型。同时，平台支持 Scala、Java、Python、R 语言使用上述算法编写模型并进行分析。

在 Dashboard 定制上，Spark 本身具备丰富的数据分析功能。但对于最终用户来说，数据可视化是有效的且能够体现大数据分析能力的工具，Spark 本身并未提供任何可以定制的数据可视化工具，以供用户使用。

1 Spark 是 UC Berkeley AMP Lab（加州大学伯克利分校的 AMP 实验室）所开源的类 Hadoop MapReduce 的通用并行框架，是专门为大规模数据处理而设计的快速通用的计算引擎。

系统通过 Sqoop 等软件实现智能平台关系数据到大数据平台的增量型实时导入。在大数据平台，针对每个指标预先定义模型并存储模型，每个模型采用定时模式运行，分别计算出相应指标，通过数据可视化模块展示。清镇大数据的效果如图 1 所示。

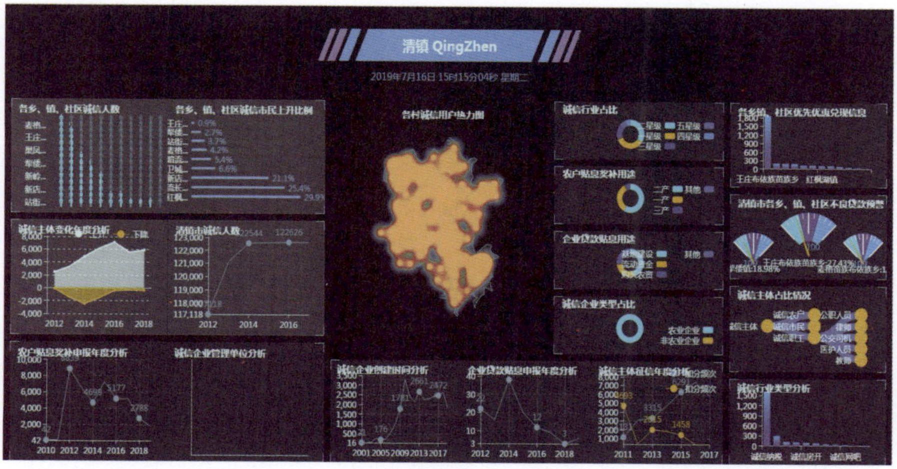

图 1　清镇大数据

值得一提的是，智能诚信管理平台还能够应用区块链进行信用信息流程性存证，具体而言，就是在数据的归集、上报、收集过程中，采用多方维护的区块链体系进行数据流程的可信存证，实现信用数据的环节链条完整、流程可溯、防止单方篡改，并支持数据的可信性审计，减少数据流程中的各类操作风险。

痛点解决

尽管当前我国高度重视信用体系建设，区块链技术的兴起为构建智能诚信管理平台提供了有力支撑，但是在平台的实际构建中，工作组依然面临以下 4 个痛点。

1. 明晰诚信信息数据来源，保障信息真实可靠

在传统的第三方集中征集诚信数据的模式下，数据信息被视为企业商业秘密，数据被封闭在个别数据源垄断型企业中，诚信数据的使用从源头上就缺乏可信度，直接影响诚信评价效果。这使诚信主体（诚信评价的对象）的线下实名身份和线上多重数字身份可以进行可信验证及映射关联，从而确保诚信数据的来源路径清晰、主体真实，实现诚信数据的可信采集，也可保证诚信评价结果使用方的身份及授权经过了验证。

2. 提高诚信信息的共享，打破诚信信息孤岛现状

当前，我国和诚信相关的信息主要由个人与机构信用信息和个人与机构诚信（非信用）信息组成。总体上看，诚信信息呈现跨区域、跨部门、跨行业、相对独立又纵横交叉的特点。目前集中式管理数据并提供诚信服务的模式，加上各机构出于数据安全的考量，导致部分原本具有公共产品或准公共产品属性的诚信信息数据被占为商业秘密而难以共享，因此形成数据孤岛。

身份链项目可以对基于身份的各类数据价值链进行全流程存证，并在多方维护、隐私保护、精准使用的基础上，对数据产生、采集、认证、加工、认可、使用等各个环节进行存证，进而实现诚信数据价值链权益的可信分配和可追溯、可审计，从而在确保数据安全的前提下进行数据协同和数据计算结果的契约式共享。

3. 提高诚信体系建设的安全性和独立性

本项目不集中元数据，而是对数据哈希提取存证，所有元数据本地化、分布式存储，计算节点由政府授权控制。在使用中，元数据或计算后的指标根据场景单点授权，数据使用记录进行区块链存证，并实现从授权、认证、访问控制到共识与数据共享以及各类特定业务场景的密码协议，形成可配置的综合安全机制，有效实现信息的安全防护，保障诚信管理的服务，真正有效地保护用户的知情权、隐私权。

4. 培育市场主体，拓展诚信应用产品

本项目的核心是将链网上的公有价值共识定义为诚信积分，通过身份链的映射，在链网上捕捉同一诚信主体不同身份下的各类诚信痕迹，并将同一诚信主体对应的不同场景下（不同身份）的诚信积分在唯一的诚信账户内实现便捷管理，再分场景个性化地进行点对点的授权应用，拓展诚信应用产品。

创新亮点

该项目借助智能诚信管理平台，促进信用数据可信采集，为信用数据共享共用打好基础。运用区块链不可篡改的技术特征记录、归集、完善和整合政府部门在履行公共管理职能过程中产生的信用信息，以及农村根据村规民约采集的信息。同时，借助智能诚信管理平台，该项目为清镇市全体居民、企业、机构打造了"链上清镇"身份证标识号（Identity Document，ID），为清镇市在互联网环境下进行经济活动、社会治理、

民生服务提供高效、可信、安全的入口。

实践证明，该项目的实施能够为清镇居民提供更好的社会信用服务，具体包括以下几个方面：第一，诚信主体基础档案管理，技术档案分为诚信农民、诚信市民、诚信职工、诚信企业、诚信机构五大类；第二，诚信标准细则管理，标准涵盖诚信农民、诚信市民、诚信职工、诚信企业、诚信机构五大类标准；第三，诚信征信信息采集、审核管理；第四，诚信评定结果管理。

基于该项目，社会各界可以监督政府部门履行工作职责，通过区块链技术实现部门信用体系建设和履职行为全记录，以平台考核结果为标尺，加强各部门社会信用体系建设工作的监督与问责。

本项目还能够作为技术服务商为政府部门建设社会诚信体系，系统本身不存储数据，在业务模式上与政府指定的企业共同运营，受到高度监管。另外，身份链是分布式的个人诚信管理服务，不属于《征信业管理条例》规定的经营业务，初期以地方政府主导和试点的方式开展。同时，身份链运用区块链的技术、理念，分布式地提供个人征信（征集诚信信息）服务，其本身并不集中个人信息，只提供诚信信息数据全流程存证及信息撮合业务，并保证链上流通的信息都是加密且经过授权的。

该项目是区块链技术在政务管理领域应用的首次尝试，将区块链实地运用到了社会治理领域，得到了上级部门及业内专家的普遍关注，并入围 2018 年 10 月工业和信息化部评选的“2018 可信区块链峰会十大应用案例”。

该项目的落地标志着贵阳区块链应用的实际落地，该项目多次得到上级政府和机构的视察指导，为宣传清镇特有的诚信体系建设提供了技术支撑。

应用成果

智能诚信管理平台的建设和应用，带来了显著的经济效应和社会效应。

1. 平台优化了诚信信息记录和采集

项目运用区块链不可篡改的技术特征记录、归集、完善和整合政府部门在履行公共管理职能的过程中产生的信用信息以及根据法规民约采集的个人信息，通过赋予所有诚信参与主体数字身份，再把数字身份进行链上记录，并支持身份主体用电子签名的方式进行各项链上操作，从而保障诚信数据来源路径清晰、主体真实，实现诚信数据可信采集，也可保证诚信评价结果使用方的身份经过验证。

2. 平台促进了诚信信息共享流通

项目不采取数据集中的方式，所有数据仍然存在原有地，通过技术方式实现的只是数据的目录或指引上链，各个第三方机构根据需要调用数字身份主体的不同数据结果，这就在技术上保证了在保护数据安全、隐私、不触碰各方利益的前提下进行数据协同和数据计算结果契约式共享的可能。

3. 保障诚信管理过程全程通透

项目对基于身份的各类数据从产生、采集、认证、加工、认可、使用等各个环节进行存证和管理，进而实现诚信数据价值链权益可信分配、可追溯、可审计，做到了全范围覆盖、全过程记录、全数据监督的信用体系"数据铁笼"。

4. 增强了诚信体系建设的应用效果

项目在链上存证同一个诚信主体不同场景下的各类诚信痕迹，并对同一个诚信主体在不同场景下（也是不同身份）的诚信信息在唯一的诚信账户内实现便捷管理，实现了诚信评价场景化、个性化精准应用，变被动为主动，更好地向清镇居民提供社会信用服务。

5. 实现了诚信主体的隐私保护

项目仅对数据哈希提取存证，所有元数据本地化、分布式存储，计算节点由政府授权控制。在使用中，元数据或计算后的指标根据场景单点授权，数据使用记录进行区块链存证，并实现从授权、认证、访问控制到共识与数据共享以及各类特定业务场景的密码协议，形成可配置的综合安全机制，有效实现信息的安全防护。

Application Practice of Trusted Block Chain

工商银行劳务权益管理及金融服务区块链平台

实施单位

中国工商银行股份有限公司

参与完成人员名单

陈满才、吴绵顺、苏恒、曾雨峰、鲁金彪、秦国、钱大智、赵开山、陈昌儿、陆晓寅、王伟权、黄肇敏、何穗瑜、徐海燕、吴峰、刘朝伟、史大鹏、肖波、何晓、杨汝芬、吴晓茵、彭顺求、谭维、覃宇、王治纲、王琳、李晓敏、夏菁、陈炜填、张敬、梅泽铭、林显煌、莫小欣、袁嫩晓、万涛、刘彦平、陈法山、许涛、李耀波、杨锦强、陈鑫源、潘文慧、叶应雄、余双双、赵泽鑫、蔡德辉、黄子聪、程碧

引言

在传统的基建类项目管理的过程中，往往存在工程资金管理效率低下、资金使用不透明等问题。区块链技术具有多方共识、公开透明、不可篡改和可追溯的特点，与解决资金监管问题十分契合。

中国工商银行股份有限公司（以下简称"工商银行"）依托区块链技术，积极探索金融科技创新与基建类项目资金管理、普惠金融的有序融合。针对建筑行业的痛点，以劳务主体在建设工程项目过程中产生的工程量权益为出发点，基于区块链技术创新搭建劳务权益管理及金融服务区块链平台。该平台通过与行业合作方的系统对接，实现对项目合同及施工过程进行全方位的信息采集和管理，确保劳务权益真实合法，解决了劳务工人劳务权益问题，满足了劳务参与单位的融资需求，为金融机构快速切入建筑行业链条服务提供了新的思路。

方案概述

与传统技术相比，区块链技术主要具有两个方面的优势：一是防止数据篡改，增强互信，减少欺诈；二是公开透明，提升交易效率，降低合作成本，其对信任和风险把控的要求和金融一脉相承，利用区块链可实现价值传递，促进各行各业的价值互通。

工商银行劳务权益管理及金融服务区块链平台利用区块链技术特性及工商银行强大的金融服务能力，疏通项目建设的全资金节点，打通融资环节，能较好地解决小微企业融资难、成本高、劳务工人不能及时收到工资等问题，提升建筑行业项目工程的资金管理效率和监管透明度。

一、平台总体架构

劳务权益管理及金融服务区块链平台包括建设资金管理、合同管理、劳务权益管理、金融服务链多个业务子系统、服务集成层和提供数据统计功能的决策支持层，平台总体架构如图 1 所示。

图 1 劳务权益管理及金融服务区块链平台总体架构

建设资金管理系统、合同管理系统通过与合作方系统对接，对项目合同及施工过程的履约信息、劳务账单等资金信息进行采集上链，依托工商银行区块链技术平台提供的企业级系统安全体系，保障交易数据安全可靠；劳务权益管理及金融服务区块链平台基于项目数据的真实合法性，以货币化的方式构建劳务主体的劳务权益，以此作为金融机构向劳务主体提供金融服务的依据；金融服务链系统则通过服务集成层联动工商银行核心银行系统，提供资金线上申请、实时查询、在线审批、自动划拨及勾稽核对、代发工资、薪金贷款等专业金融服务。

二、总体业务流程

劳务权益管理及金融服务区块链平台的总体业务流程大致包括 7 个

环节，具体如图 2 所示。

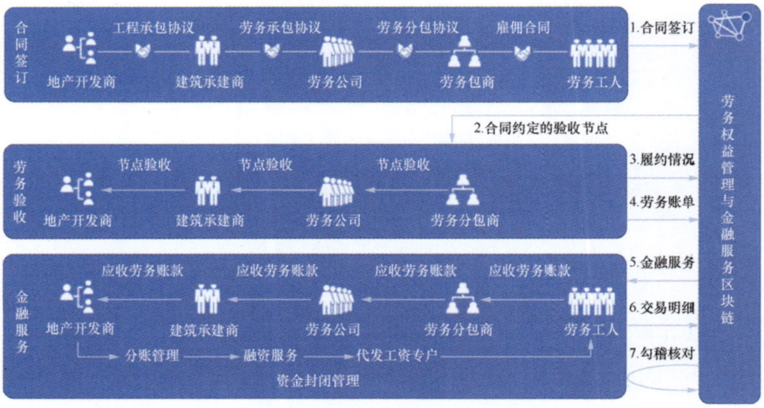

图 2　劳务权益管理及金融服务区块链平台的总体业务流程

劳务权益管理及金融服务区块链平台的总体业务流程分为以下 7 个步骤。

第一步，建设工程项目各类合同信息上链存证。

第二步，平台根据工程合同约定的验收节点，获取项目施工阶段的工程履约、劳务账单等信息。

第三步，项目工程进度、工程完成量等工程履约信息上链存证。

第四步，劳务主体工资清单、进度付款表等应收劳务账款类信息上链存证。

第五步，平台根据项目工程履约和劳务账单信息，验证项目工程证据链条的合理性并计算劳务主体权益，劳务主体通过合作方系统发起资金拨付或贷款申请；平台基于劳务主体的真实合法权益，联动工商银行核心银行系统，由建设合同、劳务权益驱动资金发放，为劳务主体提供资金类金融服务。

第六步，合作方系统按约定时间和规则提供资金拨付或贷款申请明细并上链存证。

第七步，平台通过合同信息与劳务权益信息勾稽、劳务权益信息与支付信息勾稽、支付信息与合同信息勾稽，实现项目全流程封闭管理。

劳务权益管理及金融服务区块链平台基于工商银行自主可控的区块链技术平台实现。工商银行区块链技术平台是工商银行推出的首个自主可控的企业级区块链平台，吸收多个主流产品的技术特点，取得 20 多项技术突破，从接入安全、访问控制、交易安全、数据安全等多个维度进行安全控制，打造企业级系统安全体系，通过分离交易数据流及共识数据流、交易实时返回提高交易响应速度，并支持在应用平台云平台即服务（Platform as a Service，PaaS）上部署，具备快速搭建上层应用的业务能力，能满足大规模用户数量的应用场景。

工商银行区块链技术平台架构被划分为交易层、合约层和区块层，彼此松耦合，如图 3 所示。

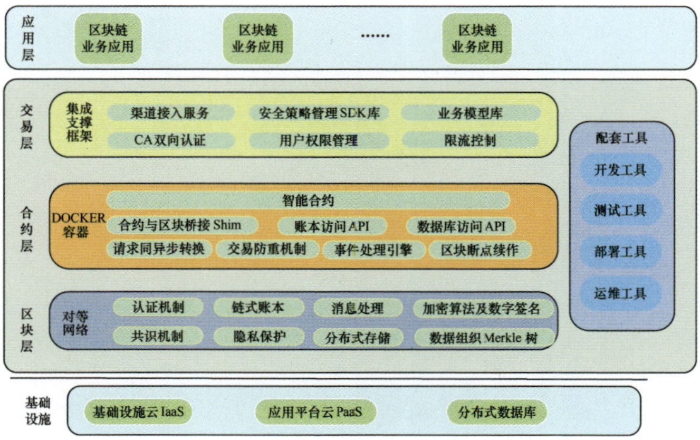

图 3　工商银行区块链技术平台架构

交易层：向应用层提供接入服务、CA 安全认证、消息服务、流量控制等集成支撑框架功能。

合约层：面向交易层提供基于 Docker 容器的智能合约动态管理、交易执行的可靠性控制机制以及交易请求的同异步转换机制。

区块层：提供区块链核心技术功能，集成国密算法、可插拔的共识算法管理。

基础设施：提供云部署等区块链基础服务。配套工具包括各种产品支持工具，以及提供开发、测试、部署、运维的全生命周期配套工具。

从技术上看，工商银行区块链技术平台具有三级多维度的高安全体系以及高性能处理机制、云化部署能力两大显著特点。

三级多维度的高安全体系体现在平台打造企业级系统安全体系，提供可靠的企业级数据安全、用户隐私和交易匿名、权限控制及数据隔离机制。节点须以用户身份登录，经授权才可加入网络，所有交易信息须经数字签名才可记录上链；高性能处理机制和云化部署能力则表现为双通道技术机制、异步转同步处理机制和云平台支持。

痛点解决

在传统的建设工程类项目实施过程中，主要存在以下痛点。

暗箱操作、层层分包：项目招投标过程存在暗箱操作的情况；同时，项目经过层层分包后，可能导致项目建设资金严重不足、资金拨付不透明、项目缺乏有效监管等。

分包企业账期长、融资难、融资贵：项目分包企业通常为小微企业，在项目建设过程中，通常按照验收工程量或按一定周期获得工程款，账期较长；同时，小微企业融资难度较大，融资成本较高。

劳务工人权益难以保障：劳务工人很多没有签订用工合同，导致劳务工人讨薪难、劳务权益无法获得保护。

针对“暗箱操作、层层分包”这个痛点，工商银行劳务权益管理及金融服务区块链平台通过对工程资金管理的全阶段行为予以存证，由建设合同、劳务权益驱动资金发放，实现建设资金审批、银行资金审批、工程款发放、资金明细查询、资金勾稽等全流程电子化处理，实现了工程建设从“合同”到“履约”，再到“工程款支付”的全流程阳光管理，使资金使用合理、透明、高效，保障资金的封闭运行管理，创造了有利诚信企业、不利失信企业的良好的平台环境。

针对“分包企业账期长、融资难、融资贵”这个痛点，平台基于项目合同信息、项目工程履约、应收劳务账款等信息构建劳务主体的真实合法权益、实现各个环节劳务权益的透明，理清各个环节的劳务薪金数额、权益所属等清晰透明的关系脉络，确保劳务权益的真实合法，最后基于劳务权益向劳务参与主体提供代发工资、融资等多样化金融服务，缩短了小微企业的账单周期，降低了其融资难度和成本。

针对“劳务工人权益难以保障”这个痛点，平台基于劳务工人的真实合法权益，通过分账管理和封闭账户控制机制，保证劳务总包或分包融资金额按时定向发放到劳务工人账户，确保劳务工人及时拿到工资。

创新亮点

本案例立足于解决建设工程项目资金监管问题难点，在技术、业务和服务模式上展开了诸多创新。

第一，利用区块链技术搭建劳务权益管理及金融服务区块链平台，将传统的线下建筑工程管理流程变革为全线上管理，并创新性地提出基于不可篡改、真实有效的工程履约及工程资金数据构建劳务主体权益，从建筑行业项目合同签订、项目工程履约和劳务验收，再到项目支付节点形成的资金闭环，各个环节数据上链存证，实现了合同链条、工程履约链条、资金链条的环环相扣。平台对劳务主体权益提供全生命周期管理，实现劳务权益的生成、评估、确权、冻结及兑付处理，通过与合作方系统对接，在合作方系统嵌入工商银行的金融产品，极大地提升了平台的核心竞争力，实现了"建筑+金融"的深度融合。

第二，平台通过多层合同自动勾稽，有效杜绝传统操作中无合同、不按合同交易引起的纠纷问题。平台用户之间的交易采用"合同付款方式"，由乙方在平台上按照合同约定向甲方请求付款，甲方审核后，按照合同路径付款至乙方在平台上的账户，这个方式确保了合同关系和资金流转相匹配。其他支付采用"非合同付款方式"，用户可自主决定支付给其他账户，在支付前录入用途、收款人账户等，并上传相应的单据存证，做到全部支付信息留痕。

第三，基于区块链技术的天然可审计能力，平台中各节点的数据都具有真实性和完整性。该平台通过对审计监察部门配置相应访问权限，使内部审计、外部审计、监察机构等工作人员可以实时监控账本以及往来的数据，提升资金监管效率，减少审计成本。

第四，平台根据数据建模和风险模型，对项目工程履约信息进行评估、监控和交叉校验，由此形成真实合法的劳务权益，为后续银行融资服务提供准确、可靠的贷款评估依据。同时，平台联动普惠金融场景化应用贷后模型对客户风险的变化情况进行贷后风险预警和监测。

第五，在业务上，工商银行所有的薪资融资通过劳务总包对项目认可名单内的分包提供连带责任担保，并通过核心供应链的相关政策实现总包和分包的评级授信。平台引入分账管理模式，加强资金使用方向及金额预算管理，通过搭建封闭账户体系、采用定向支付等相关技术手段控制，有效保证资金安全，明晰账务处理流程，确保贷款资金专款专用。

第六，平台通过代码化、自动化智能合约执行参与方约定的业务协议和功能，实现项目工程合同管理、协议管理、用户管理等功能，并根据项目工程进度等履约信息自动完成向各施工单位的资金划拨、明细勾稽等处理。此外，平台通过 ECert 机器证书及 TCert 交易证书的方式进行用户身份控制，严格限制用户对数据的访问范围，提升数据链上存储的安全性，降低监管审计成本。

应用成果

基于劳务权益管理及金融服务区块链平台，工商银行与行业合作方系统对接，搭建相应场景的建设工程资金管理平台。其中，工商银行与雄安新区政府合作搭建了雄安新区建设资金管理平台，通过与雄安集团项目管理区块链平台跨链融合、信息共享，实现建设工程项目的"精准管理"和建设资金的"透明使用"，具有积极的示范意义。

雄安新区相关项目落地实施，满足了新区"数字金融、普惠金融、绿色金融"的建设和发展需求，助力工商银行通过金融科技创新为新区提供优质的金融服务，并在新区激烈的金融同业竞争中把握先机。

具体而言，雄安新区项目的主要业务应用取得了以下成果。

第一，全面支持雄安新区"千年秀林"工程一期的 9 号地块、二期的 10 万亩景苗兼用林、土地征地款拨付、唐河污水库生态治理等数字新区项目建设，实现建设工程资金全线上透明管理，获得雄安新区政府的高度肯定。平台已累计拨付资金 2000 余笔，金额超 1.5 万亿元，为新区 300 余家参建企业、5000 多名参建人员提供全周期资金服务。

第二，基于平台提供的真实可靠的工程合同、履约、劳务权益等信息，工商银行雄安分行为雄安集团"千年秀林"项目相关总包公司提供融资贷款 2000 万元，实现了雄安新区基于区块链技术的供应链融资创新模式。

第三，实现新区政府、雄安集团、总包商、分包商、劳务工人、金融机构的多方共赢。

同时，从雄安新区用户的视角来看，项目的实施也具有特别的意义。

对于新区政府而言，该平台可以帮其实现有效监管，有效解决拖欠劳务工工资等监管难问题。

对于雄安集团而言，该平台降低了管理成本，提供了实时的工程进度和资金支付情况监测，迅速查找问题节点，便于事后审计评估和诚信体系搭建，为高层决策、后续项目合作提供了有效支撑和合理依据。

对于总包商和分包商而言，该平台降低了管理成本，提高了资金流转效率，便于审计评估，解决了企业融资难、融资贵的问题。

对于劳务工人而言，该平台可以保障其劳务权益合法有效，通过为总包或分包商提供定向融资和代发工资服务，可以解决劳务工人不能及时拿到工资的问题。

对于金融机构而言，该平台可以有效减少人力运作成本和风险成本，提高融资效率，遏制多头融资的问题。

Application Practice of Trusted Block Chain

农业银行互联网电商融资服务平台

实施单位

中国农业银行股份有限公司

参与完成人员名单

叶馥郁，苏新锋，贡佳炜，邓伟仲，李长峰，王耀晖，占卫华，万立猛，李义萍，刘倩，李晓宏，陈东伟，张纪峰，张永捷，熊伟然，金宝珠，刘志国，周吴尧，俞湛，翟洪涛，李来新，曹兴

引言

当前，中小微企业及“三农”企业在推进社会进步上发挥着日益重要的作用，如解决就业、科技创新、工业品下乡、农产品进城等。但长期以来，中小微企业和“三农”企业融资难、融资贵的问题一直制约着企业的发展，问题根源在于抵押品不足、信用数据匮乏，银行难以对这类客户建立有效的信用模型和风险防控措施。

如何才能破解银行在服务中小微企业及“三农”企业过程中的“多难”局面？鉴于区块链技术在解决信息共享、相互信任等方面的独特优势，中国农业银行股份有限公司（以下简称“农业银行”）首次利用区块链、大数据等金融科技前沿技术，与电商供应链融资业务相结合，推出了互联网电商供应链融资服务平台（以下简称“e链贷平台”），探索建立多维度信用评价模型，开展纯信用的网络融资业务，逐步实现中小微企业、“三农”企业信贷业务的“标准化、模型化、规模化、自动化”作业，为发展普惠金融提供了有力的抓手。

方案概述

e链贷平台面向中小微企业、“三农”企业和个人，依托产业链上下游的经营、交易、财务等数据，建立多维度信用评价模型，提供专业化的网络融资服务，为中小微企业、“三农”企业及个人长期以来面临的因担保物不足、信用数据获取难度大导致的融资难、融资贵问题提供了创造性的解决方案。

一、平台功能

从功能上看，e链贷平台一方面将供应链业务的特点与区块链技术深度融合，利用区块链公开透明、不可篡改、全程追溯、信任成本低等特性，创造性地将电子商务、供应链融资、在线支付、企业资源计划（Enterprise Resource Planning，ERP）等行内和行外系统通过科技力量的刚性约束打造成相互信任、信用可控的供应链生态联盟；另一方面，e 链贷平台利用大数据技术充分挖掘和分析电商平台客户的历史交易数据，通过成熟、可靠的数据模型为平台上的客户提供合理的自动评级、授信、定价、审批和放款。

e 链贷平台主要包括四大功能，如图 1 所示。

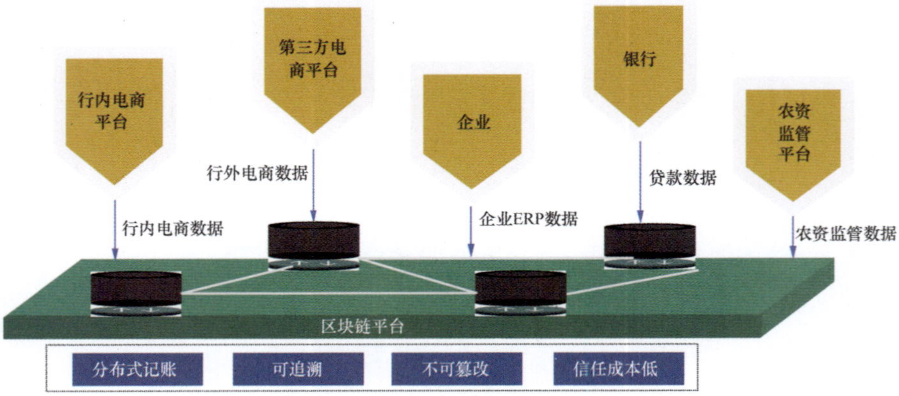

图 1　e 链贷平台的四大功能

企业交易数据管理：包括企业 ERP 数据、农资监管数据以及企业在电商平台进行交易时的订单信息、支付信息、物流信息等。

企业授信模型管理：进行数据分析、评价授信建模，以及产品的贷前、贷中、贷后环节与信贷管理相关的工作，支持自动审批功能。

企业信用信息管理：包括授信额度、利率、剩余信用额度、待还款的贷款明细、已结清的贷款明细等。

贷款支付管理：采用受托支付的方式完成订单，贷款功能嵌入订单支付环节，后台通过自动审批的方式完成每笔订单的贷款审批工作。

二、总体业务流程

从业务流程上看，e链贷平台大致可以分为贷前流程、贷中流程和贷后流程，如图2所示。

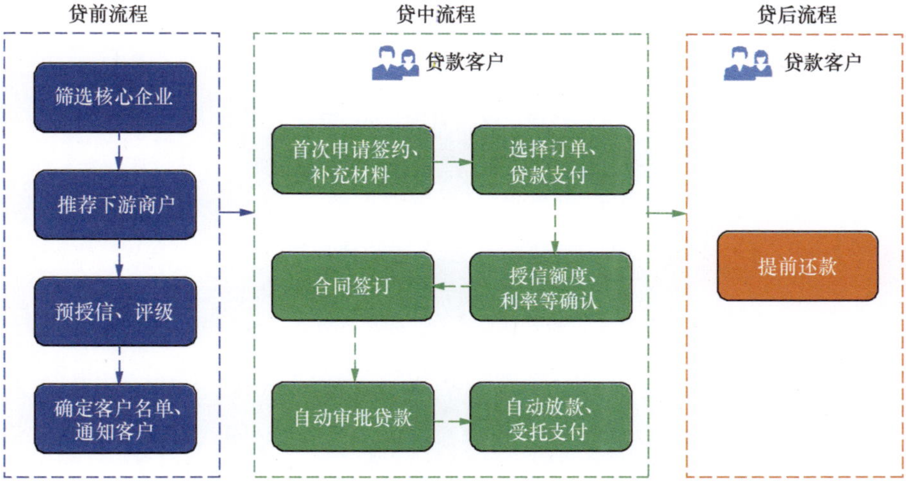

图2　e链贷总体业务流程示意

首先，银行构建企业筛选及评价模型，根据区块链上积累的企业电商交易、贷款等数据，筛选出在供应链中占据重要地位的核心企业；以核心企业为出发点，进一步筛选出其对应的下游优质的经销商，作为贷款融资服务的目标客户；基于区块链上的企业数据设计分析模型，对企业进行评级、授信。

其次，企业在电商平台进行订单支付时，可以选择“贷款支付”选项，从链上查询银行的授信信息，包括授信额度、利率优惠等。企业选择贷款服务后，会自动生成电子贷款合同。企业完成电子签名确认后，将电子合同发送到链上，形成不可篡改的贷款凭证。银行完成自动审批、受托支付。

最后，企业可以通过电商平台查询完成的所有贷款的明细，电商平台可以通过调用区块链接口查询企业相关贷款数据，包括待还款、已结清的贷款明细。对于待还款合同，企业可以选择提前还款。

痛点解决

中小微企业、"三农"企业及个人往往存在抵押担保物不足、信用数据不充分等问题，传统信贷模式无法满足客户需求，导致融资难、融资流程复杂。同时，银行与第三方物流系统、各地的农资监管系统以传统数据接口方式进行对接时，可能存在信息不可信、单方篡改导致数据不一致、信息不透明等问题，授信和用信场景线上化难度大、信任风险高。

农业银行推出的 e 链贷平台充分利用区块链基于共识建立信任、不可篡改等特点，解决了上述问题。平台实现了基于自有场景、自有数据和全流程管理的信贷投放新途径，为充实电商供应链金融服务内涵、构建完整的电商供应链信用生态体系、探索长尾客户批量获客和降低信贷风险奠定了坚实的基础。

第一，打造相互信任、信用可控的供应链生态联盟，融资场景围绕企业电商平台交易场景，将融资与支付无缝对接，利用区块链上登记的有效交易数据，不断积累企业信用。

第二，保证方式突破传统担保模式，根据客户在平台的交易记录量化客户信用，弱化抵质押约束。

第三，利用大数据技术充分挖掘和分析电商平台客户的历史交易数据，授信额度依据客户在平台的交易规模，贷款期限按订单期限合理测算、推荐，通过成熟、可靠的数据模型为平台上的客户提供合理的自动评级、授信、定价、审批和放款。

第四，贷款资金采取封闭式管理，采用受托支付降低资金被挪用的风险。

创新亮点

e 链贷平台的建设和落地，在技术模式、业务模式、服务模式等方面均有创新和突破。

第一，平台把涉农电子商务、供应链融资、企业 ERP、农资监管等系统打造成联盟链，通过资金流、物流、信息流入链，实现基于同一业务视图的多方参与的供应链数据平台，实现数据永久记录，公开透明且不可篡改，解决多方信任问题。

第二，平台基于链上数据充分挖掘和利用供应链信息，积累了企业信用，将历史交易数据映射到区块链平台中，同时将每天产生的数据入链登记，不断积累以逐步形成企业和农户可信的、不可篡改的交易记录，进而反映了客户的真实信用状况。随着区块链联盟网络的不断扩大、加入用户的增多，信用的维度将更加健全，从而彻底将区块链网络打造成一个信任网络。

第三，平台通过系统批量化、自动化开展商圈筛选、企业评价、企业授信，显著降低了人力和时间成本。该平台充分挖掘和利用电商平台的交易和经营数据，以及核心企业 ERP 订单数据、贷款数据、物流信息等数据，使整个业务场景视图更加丰富和完备。同时，平台以智能合约形式约定统一的数据共享标准，并尝试将授信模型内嵌到智能合约代码中，实现授信、审批、用信等环节的智能化、自动化处理，充分减轻人工审核负担，降低系统复杂度，提升业务处理效率。

第四，全流程线上监测企业的运行状态和贷款流向，资金采取封闭式管理，有效降低业务风险。

应用成果

2017 年 8 月 1 日，e 链贷平台投产上线，久保田农业机械（苏州）有限公司及其下游客户徐州中收农机汽车销售有限公司成功使用 e 链贷平台完成首笔线上订单支付贷款。

实际操作显示，客户从申请贷款到完成订单支付，仅需要两分钟，并且全流程不需要银行人员干预，极大地提高了业务办理效率，节约了管理成本。目前，e 链贷平台已在农业银行江苏、广东、内蒙古、新疆等多家分行成功开展业务试点，用户反响强烈。

项目上线至今，e 链贷平台已累计记录订单等业务数据近 5000 万条，为业务办理提供了有力的数据支撑。

一方面，该项目通过有效利用互联网电商金融的场景化、线上化、数据化优势，采用区块链技术丰富供应链金融视图，构建完整的电商供应链信用生态体系，为中小微企业、“三农”客户提供了纯信用的融资模式，满足了客户的需求。

另一方面，该项目通过金融科技创新提升了银行在互联网电商融资领域的金融服务水平，创新金融业务模式，有利于提高客户黏性和交易活跃度，扩大了电商平台的交易规模，推动了业务的可持续发展，同时为后续金融产品的创新与改造提供了有力支撑。

可以预见，随着更多参与方接入e链贷平台，区块链技术的价值将进一步凸显，使信用数据的来源更加丰富和可靠。农业银行将科技创新与业务发展相结合，为发展普惠金融注入新动能、提供新方案、实现新跨越。

广发银行信用卡委外催收平台

实施单位

广发银行股份有限公司

参与完成人员名单

李怀根、张宁东、林虎、蓝冰、赖少东、陈桂斌、陈文亮、李斌、何煜、梅咏华、欧小敏、朱艳明、周道勇、钟昌德、池碧施、夏鹏、叶小东

引言

信用卡催收是银行对持卡人出现欠款逾期后采取的不良资产处置手段，可分为内催和委外催收两种方式，传统信用卡催收一般采用银行集中化的管理模式。

然而，随着近些年零售业务的飞速发展，信用卡催收集中化处理方式的局限性开始凸显，如业务耦合度高、业务处理效率低、数据割裂、人力成本高、佣金核算周期长等。尤其是当前广发银行信用卡日均委外

资产规模已达数百亿元，在日益复杂的国内外经济环境下，不良资产的处理压力不断增大。

为了改变这个局面，2018年3月，广发银行股份有限公司（以下简称“广发银行”）启动了基于区块链技术的催收业务应用实践项目实施工作，依据区块链分布式账本的架构特性创新业务模式，利用新技术实现不良资产上链、分布式派案、信息实时共享、佣金实时计算等功能，组织第三方催收机构参与，促使资产包价值传递，提升银行信用卡的催收业务管理能力。

方案概述

广发银行基于区块链技术的催收业务应用实践，将信用卡不良资产委外催收业务作为场景，通过建设广发银行区块链网络，开展相关技术的应用研究。

该项目通过使用新技术进行架构设计与技术实现，并结合实际业务场景验证，探索以“分布式记账、数据防篡改、数据加密、智能合约”为代表的区块链技术特性和真实的金融场景落地的应用实践，积累广发银行在相关领域的创新实践经验。

广发银行区块链催收业务系统的总体架构如图1所示。

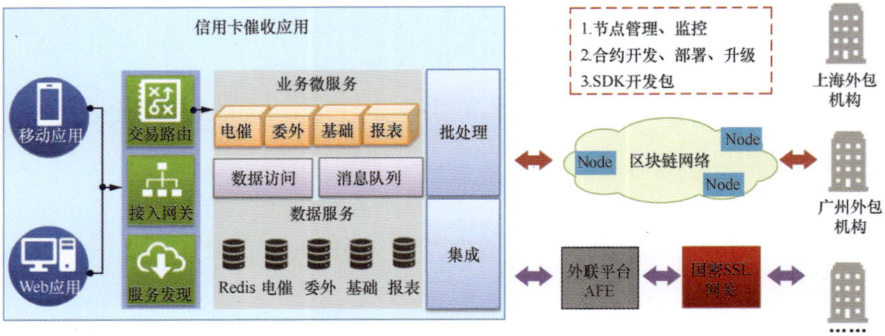

图 1　广发银行区块链催收业务系统的总体架构

一、总体设计方案

图 2 为广发银行区块链催收业务创新模型，数据传输由文件集中处理模式演变为准实时方式，广发银行与业务外包机构通过区块链节点接口软件开发工具包（Software Development Kit，SDK）实现信息共享和整个业务的全流程管理。

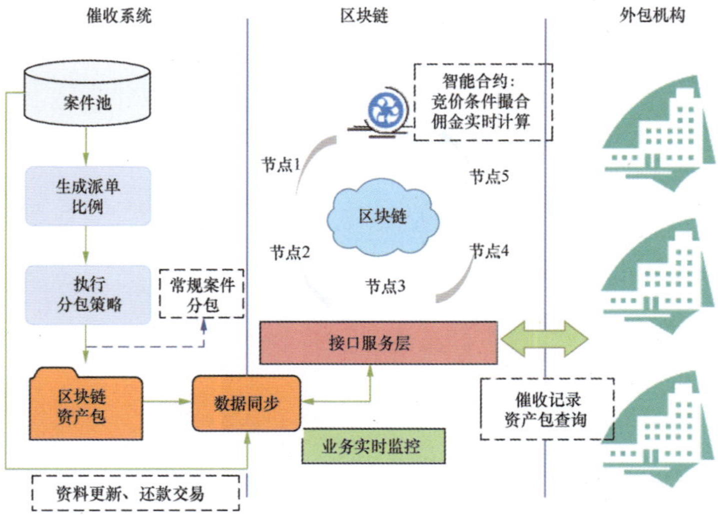

图 2　广发银行区块链催收业务创新模型

二、主要业务流及功能设计

该项目的主要业务流及功能设计体现在以下 10 个方面。

项目包管理：可根据业务设置的策略生成区块链资产项目包。

资产包打包：生成资产项目包后，可在催收系统中将该资产项目进一步划分为多个资产包，这些资产包属于同一个竞价项目。

设置资产包属性：业务操作员可为竞价资产包设置资产包概要信息，以反映该资产包的特征，概要信息发布至区块链网络，所有机构可看。

设置候选催收机构：生成资产包后，业务操作员手工上传每个资产包的候选机构名单，只有在该名单中的机构才能参与后续竞价。

设置竞价策略：业务操作员可针对不同的资产包设置不同的竞价策略，竞价策略中包括若干条规则。

资产包信息查询：外包催收机构可调用 SDK 接口，直接从区块链节点上查询正在竞价期内的资产包列表。

机构竞价：在候选机构列表中的外包催收机构得到当前正在竞价的资产包列表，对某个资产包有意愿时，按照该资产包定义的竞价策略出价。

竞价撮合：业务操作员在资产包上链前设置该资产包的评分规则，资产包到达竞价截止日期后，系统自动调用智能合约，在智能合约中调用该资产包竞价策略、评分规则和机构出价信息，进行评分，得分最高的一家机构获得该资产包的催收资格。

废标处置：在对资产包进行整合时，如果没有机构报价，或者机构报价不符合竞价策略中所设置的基准值要求，则将该资产包标记为废标，并在催收系统中重新分包处理。

竞价结果查询：竞价结束后，外包催收机构可直接在链上查询竞价结果，行方可在催收系统中调用区块链接口查询所有机构的评分及竞价结果。

痛点解决

技术的不断进步和社会经济的持续发展，促使银行系统对于处理能力与业务效率的要求越来越高。目前，银行信用卡委外催收业务主要包括案件打包、案件分派、案件流转（转案、退案、延案等）、佣金结算和审计等主要功能，通过催收系统进行集中式管理，数据以 $T+n$ 日的方式批量处理。在业务的运营过程中，银行面临着业务处理效率不高、数据共享困难、人力成本较高、数据分析困难、存在监管盲区等诸多问题。

在传统模式下，解决上述业务问题，需要对现有的业务系统进行较大程度的改造，成本较高，周期较长。而通过区块链技术，可以将集中式处理和通信转换成与本地节点的数据交互，节点的数据同步由区块链底层共识机制完成，从而简化信息共享的方式并分散处理流程，最大化地利用计算资源。

在保持现有业务系统基础架构稳定的情况下，通过设计专用模块、对接分布式的区块链网络，能够实现灵活可控的机构访问机制。同时，通过将业务数据进行链上、链下拆分，结合区块链自身的数据加密安全特性和国密 SSL 通信网关，能够保障数据安全。

在具体的措施上，广发银行搭建了“不良资产区块链处置平台”，通过 P2P 组网部署 5 个计算节点，邀请外包机构参与资产竞价和催收业务的开展。

同时，广发银行与外包机构通过对现有的业务系统进行改造，通过节点 SDK 将开发包接入区块链网络，实现资产发布、机构竞价、佣金实时计算等功能。

此外，对于客户敏感信息，广发银行通过双重安全机制进行数据传输，在数据传输层面，通过国密 SM 算法进行加密处理；在数据通信层面，使用中国金融认证中心（China Financial Certification Authority，CFCA）认证的国密安全套接网关（Secure Sockets Layer，SSL）超文本传输安全协议（Hyper Test Transfer Protocol over Secure Socket Layer，HTTPS）协议，确保传输通道的安全性。

创新亮点

广发银行基于区块链技术的催收业务应用实践，在以下 6 个方面实现了创新。

1. 设计公开透明的新业务模式

目前，广发银行信用卡委外催收业务由银行统一管理，待委外资产包由业务部门提前进行规划，包括分包策略、委外机构清单、设置派案比例、案件分配等。资产包分配需要结合人工的线下操作完成，对催收机构来说，他们只关注分配后的结果，而不参与分配过程。

广发银行通过对业务模式的创新，设计基于区块链技术的资产包竞价平台，实现资产包"一键发布"的功能，由原来的单向委派转变为由机构共同参与的双向选择机制，达到外包机构资源的最优配置，建立公平、公开、透明的新业务运营模式。

2. 建立完善的机构评价体系

正是由于目前银行与机构之间的信息隔离，才导致银行获取机构的业务运营数据存在信息滞后、缺乏准确性保障等问题。而在委外业务中，机构的绩效排名是一项重要工作，影响着资产包的分配策略和银行不良资产的催收效果。

本项目通过打通银行与催收机构间的信息壁垒，以实时或准实时的方式获取完整的业务运营数据，并通过后台程序自动化地进行催收机构的多维度绩效计算和业绩排名，构建完整的催收机构评价体系。

3. 复杂智能合约在业务中的应用

广发银行信用卡发卡量在股份制银行中属于第一梯队，业务体量较大，目前委外规模近百万笔（客户维度），对应近 60 家外包催收机构和 6000 多名外包作业人员。因此，资产包管理的复杂度和精细度较高，在设计竞价智能合约方案时，能够支持业务正常开展。广发银行研发团队通过改造合约引擎底层代码和支持 Java 规范实现了复杂的合约逻辑。

4. 建立外包运营全流程监控体系

原有业务模式中银行和催收机构之间存在数据共享不及时、信息不准确等问题，且两边均存在线下人工操作等环节，缺乏完整的业务全链路监控机制。在日常业务管理、事后合规质检等方面需要耗费大量的人力、物力收集相关的信息，在业务规范性管理方面存在短板。

新业务模式先通过打通银行与机构的数据链路，对业务开展的相关信息进行上链处理，包括资产包分配、案件流转、催收记录、信息变更等内容；再利用区块链技术自身数据不可篡改和可追溯的特性，实现全流程、全覆盖的业务监控机制和业务全流程的监控视图，提高广发银行外包运营的规范化管理水平。

5. 实现佣金计算自动化

目前，佣金结算采用银行与机构手工核对的方式，耗时费力，周期较长（最长可达 3 个月）。平台通过将客户还款交易上链，通过智能合约自动执行并记录佣金结果，参与各方均以链上结果为基准，大幅降低佣金结算环节的人力成本并缩短周期。

6. 具备企业级交易处理能力

本项目在引用新技术的同时，总体的技术设计除了要保障高可用、高并发、可扩展等目标之外，还需要重点解决区块链技术自身的共性问题，如交易如处理性能、运维监控等。通过研究和性能测试，广发银行发现影响区块链吞吐能力的主要瓶颈之一在于共识交易的处理效率，标准的拜占庭容错算法（Practical Byzantine Fault Tolerance，PBFT）采用“共识三阶段”方式，而区块处理采用串行方式，难以满足本项目的业务场景。广发银行对共识流程深入分析后，提出了“交易多通道”“共识并行化”解决方案。据运行情况监控，最高 TPS 可达 200，交易平均响应时间小于 2 秒。

综上所述，本项目为信用卡不良资产催收业务场景开拓了新的思路，对积极进行区块链前沿技术的探索与应用、开创基于区块链技术的新业务模式、进一步提高业务运营效率和风险管理水平有积极意义。

应用成果

本项目的实施，带来了以下三大成果。

1. 设计搭建了广发银行区块链处理平台

搭建广发银行信用卡不良资产区块链处理平台，通过联盟链的方式打通广发银行和业务外包机构的业务通道，组建信用卡不良资产催收联盟。其主要功能包括广发银行不良资产包"一键发布"、机构竞价、智能合约自动撮合、佣金自动结算、机构身份管理等主要功能。通过上述技术平台支持，在信用卡不良资产催收领域创建了全新的业务运营模式。

2. 掌握了区块链设计和实践能力

在选取业务场景方面，利用区块链技术本身的分布式账本、数据不可篡改、数据加密、交易共识等特性可以实现分布式处理、各方数据信任、信息安全和基于智能合约的自动化交易整合的功能，解决我们当前业务中面临的问题。但是，区块链技术的成功应用，除了完成技术架构的设计和开发，还要解决全链交易性能、流程闭环、数据一致性和复杂智能的挑战，这也是行业内实施区块链技术的通用核心问题。

同时，在经过多轮技术研究、论证和技术验证后，在底层共识算法、合约执行引擎、节点运维等方面进行优化改造，实现了能够支持百万级业务规模、复杂业务逻辑在合约中应用以及完备的系统运维监控的功能，并积累了丰富的技术和实践经验。

3. 业务效果显著

新业务模式通过分布式设计和智能合约技术的应用，大幅缩短了原有业务的处理周期，为业务提供了更多的作业周期。在机构佣金结算方面，支持实时上传持卡人的还款交易记录，并自动触发“佣金结算智能合约”的执行，实现实时佣金计算功能，大幅缩短了传统业务的佣金结算周期。引入新技术，并与传统技术结合，提高了业务的自动化水平，增加了业务产能，降低了人力成本。

值得一提的是，由于当前的区块链技术仍处于早期发展阶段，缺乏行业统一的技术标准，各家银行的实现方案不尽相同且对接成本较高，存在重复开发的情况。希望未来我国能够进一步完善区块链的顶层设计，加强监管，探索制定区块链技术和应用的监督机制和认证体系，营造良好的区块链金融生态。

浙商银行应收款链平台

实施单位

浙商银行股份有限公司

参与完成人员名单

徐仁艳、宋士正、杨国正、沈金方、楼驰恒、臧铖、赵全、陈嘉俊、周林娜、钱金蕾、杨善钦、张少鹏、钟礼斌、温瑞龙、金鑫、张松鹏、白芳

引言

长期以来，企业“融资难、融资贵”的问题都是社会关注的焦点，银行作为企业融资的主要渠道，肩负着调节社会资源配置、支持企业健康发展的重任。浙江省是全国中型及小微企业最为活跃的地区之一，通过业务模式创新、产品创新、服务创新解决企业融资难题是浙商银行股份有限公司（以下简称“浙商银行”）作为省内主要金融机构的重要责任。

浙商银行应收款链平台

浙商银行于2017年8月推出基于区块链技术的应收款链平台，实现“区块链＋供应链金融”的拓荒式创新，充分利用了区块链的“去中心”、防篡改、防抵赖特性，借助其保障的刚性信任能力，实现应收款的签发、承兑、保兑、支付、转让、质押、兑付等功能，使核心企业资信能够可靠、可信地随着应收款在区块链上同步流转，实现了应收款在供应链上下游的流通，有效盘活了企业的应收账款，解决了传统模式下中小企业融资难、融资贵的问题。

方案概述

浙商银行应收款链平台以“互联网＋实体企业＋金融服务”为导向，创新区块链技术应用，把企业的应收账款转化成电子支付结算和融资工具——区块链应收款，为企业客户提供应收款签发、承兑、保兑、支付、转让、质押、兑付等服务。应收款链平台业务流程如图1所示。

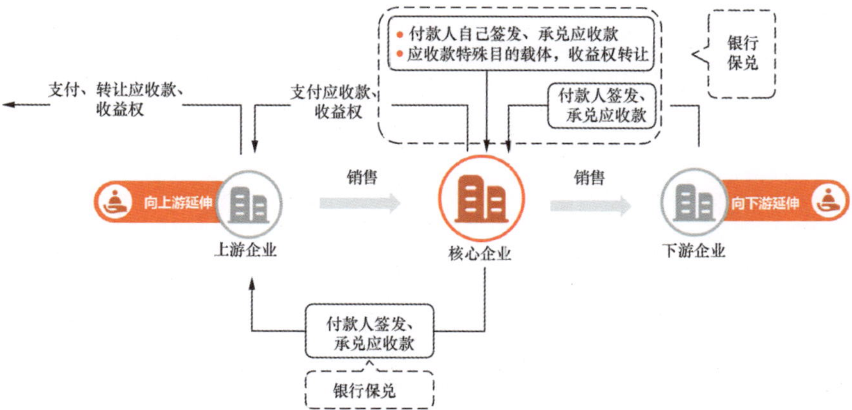

图1 应收款链平台业务流程

在这个依托供应链构筑的商圈内，核心企业就像微信群主建群一样，通过应收款链平台，把上下游的中小企业拉进商圈。核心企业利用自身的商业信用签发区块链应收款，进行支付结算；中小企业利用收到的区块链应收款变现或融资，基于核心大企业的商业信用，议价能力更强、资金成本更低，从而有效缓解了中小企业融资难、融资贵的问题。

应收款链平台可以提供单一企业、产业联盟、区域联盟等多种合作模式，助力企业构建供应链金融商圈。单一企业商圈，由集团企业发起建立、成员企业和供应链上下游企业共同参与，在商圈内办理应收账款的签发、支付、融资等业务，并可以转让至圈外机构，增强流动性；产业联盟商圈，由核心企业发起建立、产业链上下游企业和联盟成员共同参与，从下游客户签发应收账款开始，在物流中无缝嵌入资金流，减少联盟成员外部融资和资金沉淀；区域联盟商圈，由区域内的龙头企业发起、其他加盟企业参与，延伸到各加盟企业的供应链上下游客户，根据真实交易和商业信用签发应收账款，在联盟内进行转让、融资等。

从架构上看，浙商银行应收款链平台包括易企银平台、区块链平台等应用系统。其中，区块链平台实现了区块链的基本支持功能，包括密钥管理、交易管理、合约管理、账本管理等，并提供可视化界面对节点、交易、区块信息进行监控。应收款链平台系统架构如图 2 所示。

应收款链平台允许银行、非银行机构等接入，从直接应用 App 服务、接入平台接口、接入区块链底层接口 3 个层面参与。

应收款链平台基于国内自主知识产权的 HyperChain 底层技术平台进行开发，其平台系统架构如图 3 所示。

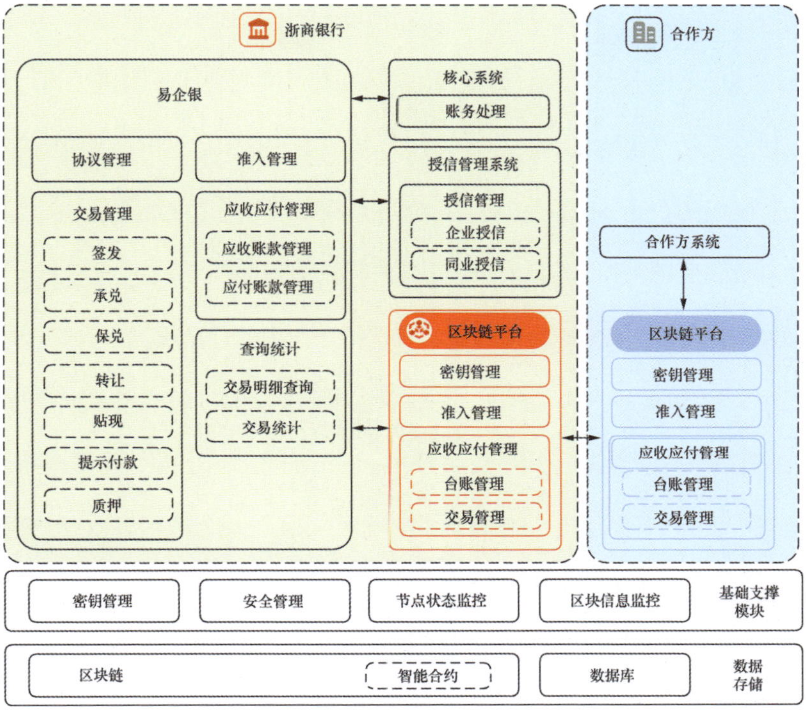

图 2　应收款链平台系统架构

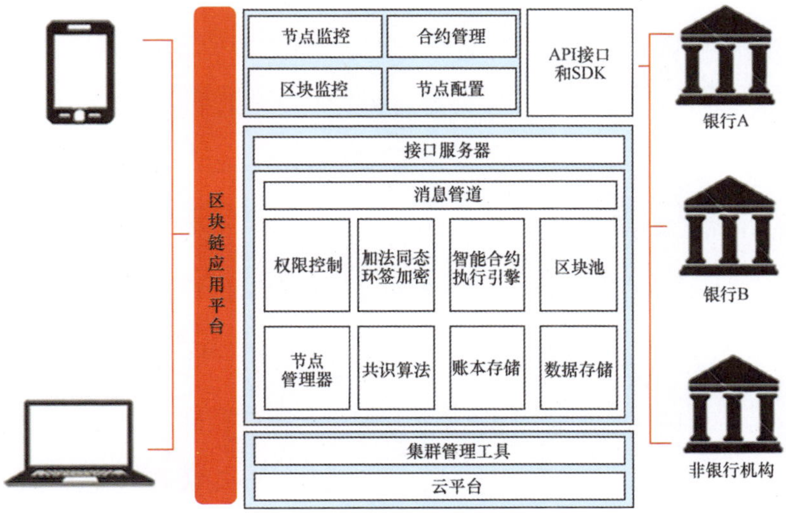

图 3　区块链技术平台架构

该技术平台采用拜占庭共识算法（Redundant Byzantine Fault Tolerance，RBFT）机制，针对现有的 PBFT 算法进行了改进，可以将系统时延控制在 0.3 秒之内，并且支持每秒 10000 笔以上的交易吞吐量；采取证书授权中心（Certificate Authority，CA）准入机制，通过 CA 认证授权，实现联盟链的准入机制，对节点进行分级权限控制；基于第三代区块链技术，引入 HyperVM 智能合约，既保持了以太坊虚拟机的沙盒安全模型，又在执行性能方面有可以逼近二进制原生代码的效率；实行多级加密机制，采用数字签名（ECDSA）对交易签名，ECDH 密钥协商，基于加法同态加密与可链接环签名技术的分级加密技术，保证系统的信息安全与隐私；在最底层的存储层面使用开源的高性能存储机制 LevelDB。LevelDB 的性能非常突出，其随机写的性能可达到 40 万条记录每秒，而随机读的性能可达到每秒 6 万条记录，在确保数据可靠存储的前提下，实现了联盟链体系内对数据的高效查询和维护。

痛点解决

浙商银行应收款链平台的建设和应用，解决了以下几大核心问题。

1. 利用区块链技术实现资产的可信存证和流转

区块链具有“去中心化”、高可信、可追溯、不可篡改等技术特性，浙商银行充分利用区块链在权属转移中的可信存证能力，将区块链作为价值传输和可信的信息传输基础平台，使核心企业资信能够随着应收款在区块链上同步流转，链上机构实现了实时同步、权责清楚、互相监督、高效协作，打造了全线上、透明化和监管可量化的区块链业务体系，实现了应收账款的安全可靠流动，有效盘活了应收账款，浙商银行也因此成为业内首家将区块链技术应用于应收账款的商业银行。

2. 对区块链技术进行大量金融业务的适应性改造

具体而言，应收款链平台进行的金融业务适应性改造主要体现在支持国密算法、确保数据隔离和对平权机制的适应性改造 3 个方面。

在支持国密算法上，浙商银行对区块链底层平台进行了改造，将原有的 ECC 椭圆曲线算法、SHA2 算法分别调整为 SM2 非对称算法、SM3 杂凑算法，实现了对国密算法的支持，交易数据的哈希通过 SM3 算法生成，签名验签涉及的公私钥对通过 SM2 算法实现，支持客户获得 CFCA 等可靠第三方 CA 机构发布的国密证书。

在确保数据隔离上，浙商银行从应用层面借助智能合约进行约束，通过虚拟机确保智能合约的执行环境被完全隔离，使运行在虚拟机内部的代码不能接触到网络、文件系统或其他进程。同时，平台提供了数据隔离的基本功能，确保参与各方不具备利用区块链结点存储全部数据的能力或者以不当的方式获得他行的数据。

在平权机制的适应性改造上，浙商银行进一步考虑了客户与银行机构之间的平权关系，使银行与银行之间、客户与银行之间都能通过区块链技术实现相互信任。为此，应收款链平台采用二级数字签名机制，即客户指令的安全性、抗抵赖性是由网银 UKey 来保证实现的，而区块链平台本身只具备对参与机构发起指令的软验签。在此机制下，浙商银行应用的联盟链针对的是金融机构之间形成的区块链，而非最终客户之间形成的区块链，有效实现了客户平权和账户安全的平衡。

3. 利用云计算技术支持弹性扩展

应收款链平台直接部署在浙商银行云平台上，利用云计算高可用、高可靠的弹性可扩展能力，应收款链平台具备强大的并发处理功能，能够支持业务的快速扩展和新功能的快速迭代。

4. 网上银行级别的安全体系

应收款链平台根据业务特点设计了专门的安全体系，采用 SSL 加密协议、输入控件技术、二维码验证、安全设备等措施，确保数据传输和客户敏感信息的机密性和完整性；将 USB Key、短信认证等作为身份鉴别和交易认证手段，并针对不同用户设置不同的用户权限管控，达到网上银行的安全级别要求。

5. 稳定高效的系统效能

应收款链平台具有高吞吐量和低系统时延的特性，交易吞吐量大于每秒 10000 笔，系统时延小于 300 毫秒。在底层区块链数据结构部分，平台使用开源的高性能存储机制 LevelDB。在 Hyperchain 联盟链的应用场景中，LevelDB 在确保数据可靠存储的前提下，实现了对数据的高效查询和维护。

创新亮点

浙商银行是首家将区块链技术应用于应收账款的商业银行，实现了"区块链 + 供应链金融"的拓荒式创新，截至目前已申请 6 项相关专利。

应收款链平台的落地激活了企业应收款的流动性，缓解了融资难、融资贵的问题。围绕核心企业，银行机构为应收款流通提供信用支持；上游企业收到应收款后，可在平台上直接支付，用于商品采购，也可以转让或质押应收款盘活资金，方便对外支付和融资。这样，浙商银行就可以有效盘活企业应收账款并带动产业链整体“去杠杆、降成本”，优化财务报表，加快资金周转，增强竞争力。尤其是纳入中小微企业范畴的上下游，依托核心企业或银行信用盘活应收账款，可以大大减少中小企业的资金占压，降低融资成本，从而缓解融资难、融资贵的问题。

同时，应收款链平台帮助企业构建供应链金融生态，提供单一企业、产业联盟、区域联盟等多种合作模式，帮助企业构建围绕核心企业的供应链金融生态。浙商银行依托应收款链平台，可充分挖掘集团企业及上下游优质企业的商业信用价值，上下游企业可依托核心企业或银行信用盘活应收账款，减少资金占压，降低融资成本，营造良好的供应链生态圈。

此外，该项目的落地还强化耦合了多项先进金融科技，采用云平台支持弹性扩展和快速迭代。云平台基于浙商银行软件服务化和硬件虚拟化的技术，提供了强大的计算和存储能力，支持业务的快速扩展和新功能的快速迭代，有助于应收款链平台业务以及衍生兄弟业务的快速迭代升级。同时，云平台与大数据平台相结合，为基于企业业务数据分析开展风险管理和精准营销奠定了良好的技术基础。

值得一提的是，应收款链业务的成功激发了浙商银行深入企业流动性服务和供应链金融的信念和决心。为进一步帮助企业激活存量资产，浙商银行基于应收款链平台创新开发了区块链订单通、仓单通、分期通等产品，满足不同场景下企业定制化的需求。

应用成果

运行近一年来，应收款链平台取得了良好的经济效益：一方面，应收款链平台的创新是基于核心客户实现上下游客户的信息对称，采取与物权、资金流相对应的风险控制措施，有效缓解了信息不对称导致的融资难、融资贵问题；另一方面，该平台的最大亮点在于“变”中小客户的间接融资为直接融资，有效降低了资金成本。截至 2018 年 10 月末，浙商银行应收款链平台落地项目达 1111 个，平台用户超 4600 户，平台累计签发 902 亿元，签发余额 825 亿元。

从企业角度看，一是盘活应收账款，二是优化现金流出，三是增加财务收入，四是降低负债率。从银行角度看，一是打造差异化的竞争优势，深化与企业集团及上下游企业的合作；二是实现轻资产经营，转变以往依靠息差收入为主的传统运营模式；三是通过平台批量扩展客户，撬动优质核心企业和广泛的中小企业资源。

除了上述经济效应，浙商银行应收款链平台的应用，还取得了积极的社会效应。尤其是在我国处于经济结构调整以及去杠杆周期的关键时刻，浙商银行创新性地推出应收款链平台，将企业应收账款转化为电子支付结算和融资工具，盘活了应收账款，加快了资金周转，减少了企业的对外负债，降低了融资成本，更好地服务于实体经济和实体企业。

浙商银行应收款链平台自2017年8月投入市场以来，得到了社会的高度认可。平台荣获“浙江金融科技十大案例”“环球金融Stars of China 2017”等众多奖项，受到百余家知名媒体的采访、报道和转载。

值得一提的是，用户对于浙商银行应收款链平台给予了高度评价。美特斯邦威财务负责人表示：“采用区块链应收款工具的好处是能对负债到期时间做更合理的安排，同时，这项创新技术能帮助我们根据资金预测计划提前安排资金。”江苏环亚集团董事长张惊涛对于平台的多赢商业模式十分认可：“跟浙商银行应收款链平台的合作，我们跟供应商之间是联合关系，跟银行是共赢关系。对于环亚来说，增强了与供应商的合作黏性。”

浙商银行对公产品的迭代过程，是对“从客户中来”这个理念的诠释和践行。基于多年的企业流动性服务深耕经验和公司的业务口碑积累，浙商银行推出了企业流动性管理利器“三大平台”——池化融资平台、易企银平台和应收款链平台，成功地将碎片化的客户智慧和需求集成为常态化的创新机制，打造了对客户用心、贴心、定制化的“一站式”综合金融服务平台。

贵阳银行爽融链平台

实施单位

贵阳银行股份有限公司

布比（贵阳）区块链技术有限公司

参与完成人员名单

梁宗敏、杨鑫、翟众、许卉、张梦君、夏瑞岭、何宝娟、吴大胜、王堃、韩卓立、孙烨、廖恩如、刘晓

引言

随着供给侧改革和工业转型发展的推进工作不断深入，中小微企业面临的融资难、融资贵的问题日益凸显。虽然国家各部委制定了一系列相关政策，鼓励供应链金融产业快速健康发展，但是在供应链金融业务实际开展的过程中，核心企业信用无法跨级传递、应收账款确权难和对账难、资金结算烦琐且无保障等问题始终困扰着各参与方。

为解决上述问题，贵阳银行股份有限公司（以下简称“贵阳银行”）

基于区块链技术推出爽融链平台，在满足场景化需求的前提下，创造性地将区块链技术信任可传递、信息可共享、数据可追溯、天然防篡改等特点应用于供应链金融业务，解决信息不对称、信任成本高、资金配置不合理等业务难题，提高供应链的融资效率，缓解中小微企业融资难、融资贵等业务困境，支持实体经济发展。

方案概述

贵阳银行基于区块链技术搭建的爽融链平台，将核心企业与中小微企业间“看不见、摸不着”的应收/应付账款转化为金额、回款日期、回款路径明确的可视化数字凭证——“爽信”，并利用区块链“去中心化”、不可篡改、智能合约、全程可追溯等技术优势，使“爽信”可在真实贸易网络中进行拆分与流转。

在此基础上，贵阳银行、商业保理公司等资金端还可为“爽信”的持有人提供金额匹配、期限匹配、门槛低、成本低的贸易融资，盘活中小微企业的应收账款，提升供应链金融服务的覆盖范围及可得性，解决普惠金融中“普”和“惠”的两个关键问题。

一、平台功能

爽融链平台主要具备四大功能，平台架构如图 1 所示。

实名验证：通过 CFCA 的 UKey 进行实名验证，验证参与企业的真实身份，并进行在线确权、签章等工作。通过实名认证，确保平台交易双方身份的真实性、信息的完整性和保密性、交易的不可否认性。

爽信管理：通过爽融链平台将应收账款标准化、数字化，专门用于企业间真实交易背景下应收/应付账款的记录、确认、管理。

便捷融资：通过核心企业至多级供应商凭证的登记、确认、拆分及流转，实现核心企业优质信用在供应链条上的传递。基于凭证信息，持有人可进行在线融资的申请及审核，既高效又便捷。

回款管理：基于智能合约，实现回款自动化管理及封闭管理，根据凭证拆分路径完成自动清分。

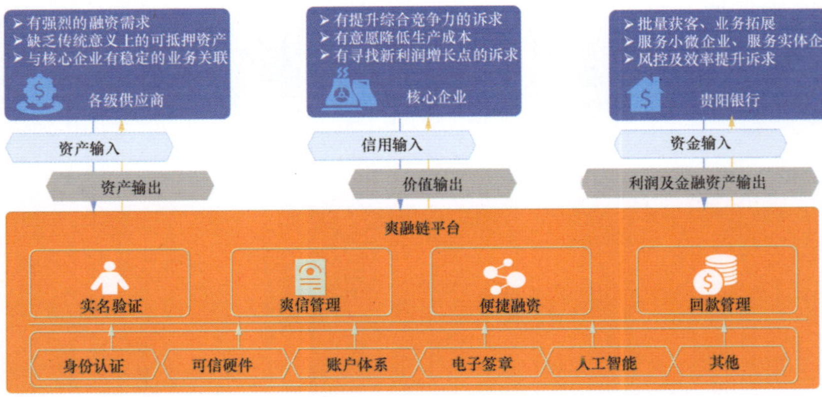

图1　平台架构

二、总体业务流程

爽融链平台的业务流程大致可以分为6个步骤，如图2所示。

第一步，核心企业在贵阳银行取得"爽融链额度"。

第二步，核心企业基于真实交易背景签发"爽信"，一级供应商签收后可自由地将"爽信"进行拆分、流转，交易信息随着"爽信"的登记、签发、签收、拆分写入区块链账本，形成随时可追溯的交易链。

第三步，各级供应商凭持有“爽信”通过平台向贵阳银行申请融资，锁定初始签发人（即核心企业）的爽融链额度。

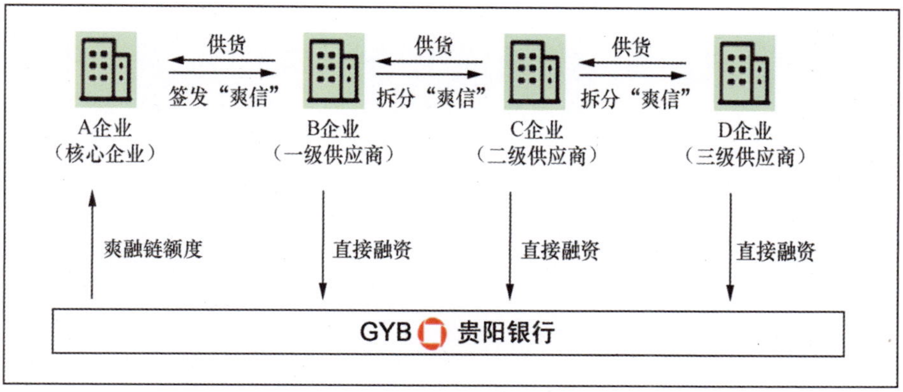

图2　业务流程

第四步，贵阳银行审核后确定放款额度，并在放款后进行授信额度的更新以及融资状态的记录。

第五步，“爽信”到期，核心企业发起付款申请。

第六步，结合智能合约，核心企业回款根据“爽信”流转情况完成逐级支付，平台根据记录的融资情况优先偿付融资金额。

痛点解决

在传统模式下，由于存在应收账款融资确权难、对账难、回款管理难等痛疾，银行在开展贸易融资服务时，往往面临成本高、流程长、效率低的难题。同时，因为核心企业的信用无法跨级传递、银行融资服务难以覆盖多级供应商，所以，传统供应链金融解决中小微企业融资难问题的作用未能完全发挥。

贵阳银行基于区块链技术，搭建爽融链平台，有效地缓解了以上难题。

第一，借助多中心集体维护数据，解决信息不对称问题。平台借助区块链技术，搭建供应链体系内的共享账本，核心企业及各级供应商可在共享账本内按照预设权限规则共享业务相关信息，从而实现信息流、资金流及物流的统一协同流转，解决信息不对称的问题。

第二，确保贸易真实性，传递核心企业信任。平台采用实名制、邀请注册制，确保参与方信息的真实性；债务信息需要双方审核，确保贸易的真实性；信息流与资金流同时流转，通过授权在整个链条内实现可控共享，实现核心企业信任的无损传递。

第三，借助智能合约，对接银行账户体系，应收账款回笼资金自动结算。平台基于真实贸易付款约定，通过区块链智能合约技术，实现履约条件、履约方式、履约账期、履约金额的上链和智能化设置，并对接付款方对应的金融机构，实现应收账款的逐层自动结算，解决因中间供应商延期付款而造成的全链条资金流转效率降低的问题。

第四，作为平台支撑技术，缓解中小微企业融资难、融资贵的问题。基于区块链技术，搭建贸易融资网络，实现信息整合以及对供应链金融全生命周期的业务支撑，缓解中小微企业融资难、融资贵的问题。

创新亮点

本案例实施在技术应用、服务模式等方面均有所创新。

一方面，作为贵州省内首个成功落地的“区块链＋供应链金融”项目，爽融链平台将区块链技术深度应用于传统供应链金融系统。

一是实现传统实名体系及证书体系与区块链账户的结合，既满足金融行业KYC的监管要求，又能解决在线金融业务的合规和法律效率诉求。

二是将应收账款数字化，并与区块链的分布式账户结合，实现债权资产高效率的合法登记、拆分和流转。

三是深度应用智能合约，将债权资产流动锚定资金流动，确保金融业务的风险可控。

另一方面，爽融链平台以“*N*+*N*+*N*”的服务模式，扩大供应链金融服务的深度与广度。平台结合多种授信模式，以“*N*+*N*+*N*”的服务模式实现批量获客、精准获客，推动大企业“顶天立地”与中小微企业“铺天盖地”互促共进发展新格局的形成，不仅有效缓解了中小微企业的融资难题，而且增强了微观主体的活力，也有效提升了产业链水平，畅通经济循环，协助核心企业稳定供应链生态、降低产业链配套成本。

应用成果

自2017年9月上线以来，爽融链平台取得了一系列应用成果。

1. 提高了中小微企业融资获得率

截至 2018 年年末，通过爽融链平台在贵阳银行取得融资的中小微客户数的占比达到 80% 以上，爽融链平台借助核心企业优质信用的跨级传递，为供应链上多层级中小微企业提供了便捷的融资渠道，有效盘活了企业应收账款，提高了资金周转效率。

2. 提升贵阳银行供应链金融服务能力及风控能力

一是借助区块链技术"去中心化"、公开透明等特性解决银企之间信息不对称的问题，解决确权难、对账难的痛点，大幅降低信任成本，减少业务环节，优化业务流程，缩短审核期限，提高服务效率及服务能力。

二是依托核心企业的优质信用，大幅降低中小微企业的违约风险，同时借助智能合约，通过实现回款自动化管理及封闭管理，有效防范中间商挪用的风险，确保银行信贷资金安全，提升风险防控能力。

3. 助力打造"基础资产、金融资产"双层流转平台

通过对接金融资产交易所，打造基础资产、金融资产双层流转网络，扩充金融资产流转渠道，提升金融资产流转效率；利用区块链打通多方协作，有效推动供应链金融市场的快速发展。同时，区块链技术不篡改、全程追溯的技术特性，也有利于对底层资产的穿透式监管，提高资产评级。

Application Practice of Trusted Block Chain

微众银行分布式金融数据共享平台

实施单位

深圳前海微众银行股份有限公司

参与完成人员名单

范瑞彬、杨杨、张开翔、张龙、毛嘉宇、张津铨、刘冰、肖克、苏小康、李辉忠、王章、欧阳小安、田莉、徐为恺、罗武华、洪少博

引言

金融业广泛存在三方或多方参与的分布式商业场景，数据共享的需求与商业数据保密、个人隐私保护之间的矛盾已成为行业内的显著痛点。作为一种新兴技术，区块链的出现为解决上述痛点提供了可能：一方面，基于区块链的智能合约，可以设计出一个适应于多方参与的数据分享与数据权限控制的机制；另一方面，借助区块链底层的共识算法，可以确保数据的多方一致性与不可篡改性，建立公平、透明、安全的数据存储机制。

在这个趋势下，深圳前海微众银行股份有限公司（以下简称“微众银行”）结合中小企业的实际金融需要，凭借多年的区块链技术积累，基于自主可控的区块链底层开源平台 FISCO BCOS，推出“基于区块链技术的分布式金融数据共享平台”（以下简称“分布式金融数据共享平台”）。该平台可以作为分布式商业场景的基础设施，解决该分布式商业场景下的数据共享问题，进一步提高金融服务的效率和质量。

方案概述

分布式金融数据共享平台是由微众银行独立研发的一套基于区块链的通用分布式数据共享场景解决方案，目前已经应用在微众银行供应链金服平台上。该平台旨在为核心企业与链属企业提供金融服务，已经接入环保、服饰、饮料等诸多领域龙头核心企业，为上游广大链属企业提供应收账款转让、融资等金融服务。

一、平台功能

微众银行分布式金融数据共享平台采用联盟链技术方案，联盟链机构的准入支持 CA 证书认证。目前，该平台已实现 5 项功能：数据记录链的创建；数据实体的添加、标记、更新和删除；数据记录链及数据实体的权限管理；数据实体的校验；数据实体的调阅和下载。

同时，该平台利用区块链技术中的智能合约实现了丰富的上链管理功能，包括机构管理（如机构加入和退出）、数据管理（如数据添加、标记、更新等操作）、权限管理（包括机构权限和数据文件权限的管理）、文件调阅授权和校验。

总体而言，分布式金融数据共享平台通过区块链技术既能够提供链上数据共享，确保联盟各企业公平、公正地进行数据交换，实现企业互惠共赢，又能通过区块链的准入机制、共识算法、加密算法等技术实现链上数据操作行为的严格授权、行为可追溯、数据防篡改，有效地解决链上机构和数据的事务处理以及状态管理中遇到的问题。

二、总体业务流程

分布式金融数据共享平台可以广泛应用在供应链金融、房产金融、汽车金融、医疗金融等业务场景中，如图 1 所示。

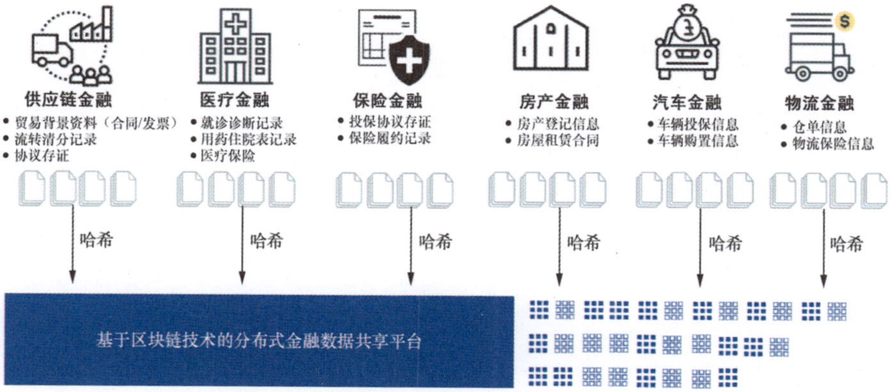

图 1　分布式金融数据共享平台的主要应用场景

参与各方使用分布式金融数据共享平台实现数据共享的流程。该平台实现数据共享的过程如图 2 所示，此流程大致可以分为以下 5 个步骤。

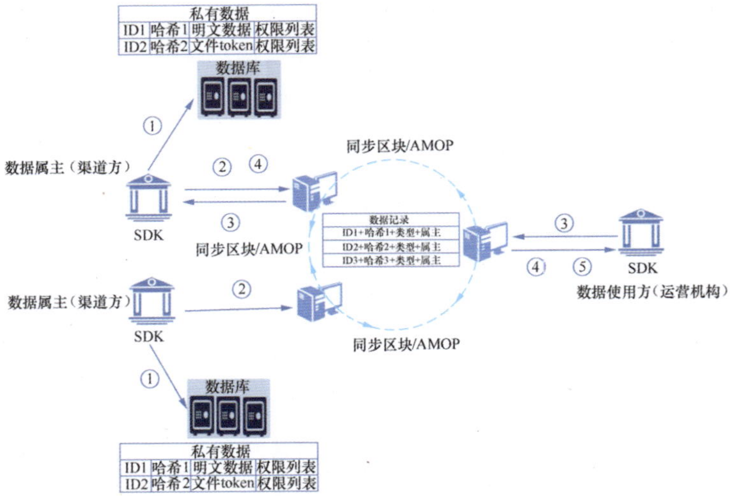

图 2　分布式金融数据共享平台实现数据共享的过程

第一步，数据属主（渠道方）将数据（M）和读取权限写入自己的数据库。

第二步，数据属主（渠道方）计算数据（M）的哈希值并上链。

第三步，数据使用方（运营机构）通过基于区块链网络的消息通信协议（Advanced Messenger On-chain Protocol，AMOP）向触客机构请求获取数据（M）。

第四步，数据属主（渠道方）鉴权后，将 M 分发给数据使用方（运营机构）。

第五步，运营机构在链上获取哈希信息并计算 M 的哈希值，校验后使用数据。

以供应链金融为例，分布式金融数据共享平台通过区块链打通核心企业、渠道方、出资方的信息壁垒，实现多机构间文件的实时互传，免去客户经理审查、银行风控审查、企业出账等步骤，可以将应收账款的生成、确认和登记的时间从 7 天缩减到最快 1 天，从而实现应收账款准实时转让和清分，解决中小企业融资难、融资慢的问题。运用分布式金融数据共享平台实现供应链资产的准实时流转清分，如图 3 所示。

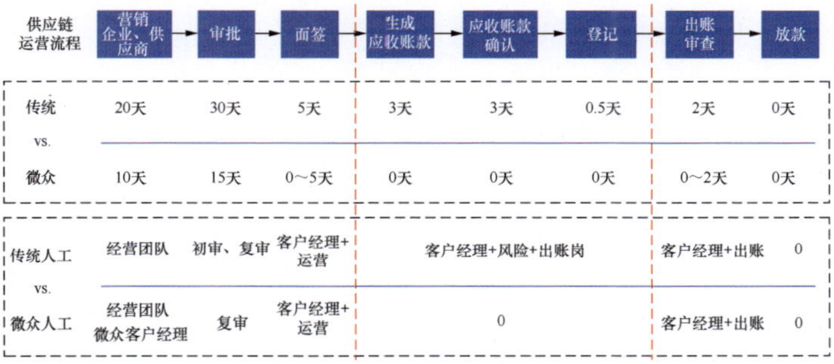

图 3　运用分布式金融数据共享平台实现供应链资产的准实时流转清分

具体来说，分布式金融数据共享平台的供应链金融服务可以分为上下游两种产品模式，如图 4 所示。

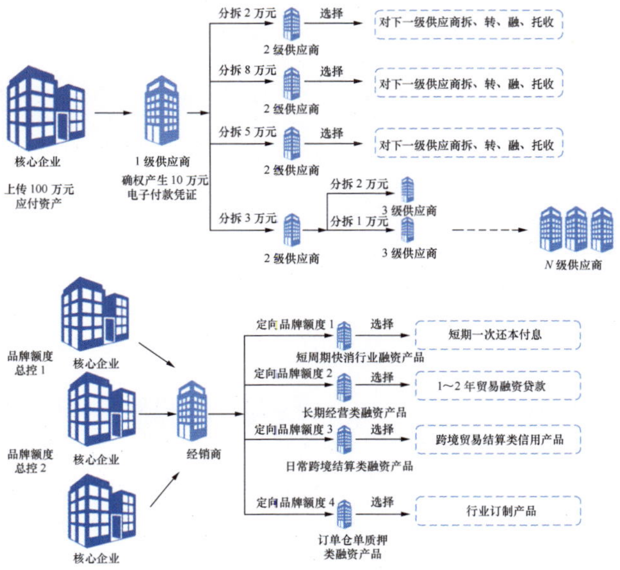

图 4　分布式金融数据共享平台的供应链金融服务上下游产品模式

在上游供应商产品模式中，通过数据共享实现流程优化，将应收账款快速地拆、融、托，从而盘活存量资产，为上游供应商提供金融服务；针对下游经销商，则通过快速的数据共享实现金融产品定制化，满足各类经销商不同的融资需求。

痛点解决

微众银行的分布式金融数据共享平台主要用于解决在金融业务的分布式商业场景中的数据共享问题，进而解决中小企业的融资难、融资贵、融资慢等问题。

以供应链金融为例，由于行业基础设施建设不完善、数据共享不及时，导致供应链金融活动仍存在以下三大痛点。

一是供应链上的中小微企业与银行之间的信息不对称，且中小企业管理不规范、缺少担保抵押物等，导致银行无法直接对其授信。

二是在真实的贸易背景中，中小微企业的融资需求往往呈现碎片化特点，时常出现紧急融资、小额融资等个性化需求。

三是核心企业规模小，财务不规范的中小微企业之间、企业和银行之间信息不互通。

针对以上痛点，分布式金融数据共享平台将信用信息共享平台、商业银行、供应链核心企业等接入区块链节点，实现信息共享，为供应链上下游的中小微企业提供高效便捷的融资渠道。

具体而言，分布式金融数据共享平台解决了以下 4 个问题。

1. 解决了信息孤岛问题

在区块链供应链金融系统中，链上各家企业和银行都可作为节点，集体维护一个分布式的共享账本，便于脱敏和加密过的商业数据在授权节点中存储共享。由于数据共享机制透明，贸易信息的真实性得到了保证，银行获取中小企业信息的难度因此降低。而且，区块链与物联网、互联网等的结合，能更多维度地印证数据，从而提高交易主体数据的可靠性。

2. 传递核心企业信用，打造确权凭证

核心企业在区块链平台上登记了它与供应商、分销商的债权债务关系，形成相应的记账凭证。该记账凭证可以拆解和转让，从而让核心企业的信用能够沿着供应链层层流动。一级供应商获得核心企业签发的凭证后，能够将其拆分流转给上一级供应商，核心企业的背书效用不变，凭证拆分流转可追溯、可自动化。

3. 通过智能合约防范履约风险，提高服务效率

智能合约能将交易各方的规定行为通过代码的形式固化在链上，在满足贸易条件的情况下自动执行，确保交易各方能如期履行义务，提高了交易方的可信度，降低了履约风险，加快了融资办理速度。

4. 助力供应链金融资产数字化

资产数字化对于企业来说，是能够降低成本和提高效率的最优解决方案之一。通过在分布式金融数据共享平台上进行各项登记，可以实现供应链金融各项资产的数字化，使之流转起来更容易；同时，对于资产

不可拆分问题的克服，也便于企业根据自身的需求转让或抵押相关资产，以获得现金流的支持。

分布式金融数据共享平台在解决了这些痛点后，供应链上下游的中小企业都能更高效地证明贸易行为的真实性，共享核心企业的信用，降低融资成本，通过便捷的融资更好更快地满足市场需求，让整个市场的资金运转和商业交易效率得到充分的提升，推动实体经济的发展。

创新亮点

分布式金融数据共享平台无论是在业务模式上还是在技术上，都实现了创新。

一、业务模式创新

一方面，分布式金融数据共享平台既能够通过区块链技术提供链上数据共享服务，确保联盟的各家企业公平公正地进行数据交换，实现企业互惠共赢，也能够通过区块链的准入机制、共识算法、加密算法等技术实现链上数据操作行为的严格授权、行为可追溯、数据防篡改等，有效地解决链上机构在数据的事务处理以及状态管理中遇到的问题。

另一方面，分布式金融数据共享平台改变了以银行为中心的线下传统金融授信模式。微众银行通过该平台邀请核心企业及供应商，实现了金融机构、核心企业、链属企业、线上服务平台、电子商务平台、物流仓储管理平台等机构的无缝衔接，将企业间的交易引发的商流、资金流、物流展现在多方共用的网络平台上，实现服务和管理的整体电子化，据此为企业提供全线上、标准、高效、便捷、及时、低运营成本的金融服务。

二、技术创新

分布式金融数据共享平台的技术创新性主要体现在高安全性、高性能、高可用性、业务落地、合法合规等方面。

在高安全性方面，通过节点准入控制、可靠的密钥管理、灵活的权限控制，在应用、存储、网络、主机层实现全面的安全保障。身份认证、通信、存储、哈希、签名验签等所有加解密过程均采用国密算法。目前，系统已支持的加密算法有公私钥密码算法（SM2）、摘要算法（SM3）、对称密码算法（SM4）等国密算法，使用国密算法保证加密过程的完全自主可控，不依赖于国外的技术，能在极高的程度上保证链上数据的安全性。由于数据和文件上链一般会通过互联网传输，为保证互联网传输过程的数据保密性，平台对大文件统一采用 HTTPS 通道进行传输，小文件通过 AMOP 协议进行传输。

在高性能方面，为解决传统区块链底层的共识机制时间长、效率低的问题，分布式金融数据共享平台采用的具体实现方案是优化网络通信模型，采用拜占庭容错的共识机制，结合多链架构和跨链交互方案，解决并发访问和热点账户的性能痛点，从而满足金融级高频交易场景的需求。同时，企业数据的上链主要是通过对原始数据哈希以后在链上存储数据哈希值，既能够校验数据的真实性和完整性，又能够确保原始数据的机密性。此外，哈希以后的数据可以大大降低网络流量和系统 I/O 量，提升链上交易的吞吐量和性能，提供可在 15 节点的区块链网络中实现单通道超过 3000TPS 的高性能。

在高可用性方面， 平台设计为 7×24 小时运行，达到金融级高可用性，通过简化建链过程、适应多种环境的部署方式、全局配置更新等措施，实现了高可用性。

在业务落地方面， 分布式金融数据共享平台提供各种开发接口，方便程序员编写和调用智能合约。

在合法合规方面， 分布式金融数据共享平台支持监管和审计机构作为观察节点加入联盟链，获取实时数据，进行监管审计。

应用成果

目前，基于区块链技术的分布式金融数据共享平台已率先应用在微众银行供应链金服平台上。通过实现数据共享，银行、核心企业、链属企业（供应商）等供应链参与方被有机地连接在一起，形成供应链生态圈。从此，银行可连接渠道方及客户，有效地利用其闲置授信额度，并通过整合核心企业及各级供应商信息流降低业务风险。核心企业则通过该平台提升信息流、资金流和物流的流转效率，为其应收或应付账款注入流动性，在有效减少财务费用的同时增加收益。对于链属企业来说，分布式金融数据共享平台为其供应商提供了新的按需灵活融资的渠道。另外，纯线上操作也提升了各级供应商的操作体验。在整个生态圈中，各参与方各司其职又互惠共赢，实现了生态圈利益的最大化。

分布式金融数据共享平台一经推出，就收获了良好的市场反响。在平台正式对外发布后的一周内，第一家核心企业（某上市公司）及其400多家供应商就成功接入平台并开户，其中200多家供应商出于资金需求，在平台上对其应收账款进行融资，最终在短短一周时间内就实现了近300笔融资，融资放款额达2亿元。截至2019年4月，平台已成功连接核心企业213家、供应商1169家，累计放款8.40亿元，有效地扭转了链属中小微企业融资难、融资慢的局面。

基于分布式金融数据共享平台在解决中小微企业融资问题、助力实体经济高质量发展、探索数字经济新模式等方面所呈现的显著效果和示范效应，该平台在中国信息通信研究院联合中国支付清算协会金融科技专业委员会发起的“2018金融区块链创新应用优秀案例评选活动”中，经专家严格评审，获评“金融区块链创新应用优秀案例”。

未来，分布式金融数据共享平台还可以应用在医疗卫生、保险业务、房产、汽车、物流等行业和领域，解决不同分布式商业场景下的数据共享问题，从而进一步提高运营管理和金融服务的质量和效率，创造更大的商业价值与社会价值。

Application Practice of Trusted Block Chain

金融级商用区块链平台

实施单位

支付宝（中国）网络技术有限公司

参与完成人员名单

蒋国飞　等

引言

区块链的技术革新，不仅促进了传统行业的发展，而且催生了新型的数字经济业态，使数字经济产业有了新的机遇和可能。蚂蚁金服高性能、高安全区块链平台（以下简称“蚂蚁区块链平台”）利用区块链技术构建信任机制，让世界因为信任变得更加简单。

蚂蚁金融服务集团（以下简称“蚂蚁金服”）致力于通过区块链技术引领业务革新，加快推进区块链新技术与数字经济的深度融合应用，发挥区块链技术对数字经济的支撑和引领作用，助力我国金融科技产业健康发展，树立中国在数字经济领域的全球领先地位。

方案概述

蚂蚁金服的区块链技术和解决方案为政府、企业和普通用户提供覆盖跨境汇款、供应链金融、电子票据、司法存证、商品溯源等多种服务，已在多个社会生活和商业场景中实现大规模应用。自诞生以来，蚂蚁金服始终致力于实现在性能、隐私保护、跨链互联等技术领域的突破，其中最具有代表性的就是蚂蚁区块链平台。

蚂蚁区块链平台经过多年的积淀与发展，已达到金融级水平，体现出高性能、高安全、全球性部署等显著特点。

在核心技术方面，蚂蚁区块链平台在共识机制、可验证存储、智能合约、可信计算、隐私保护、跨链交互等领域取得了重大突破。在2018 世界互联网大会上，经包括多位图灵奖获得者在内的全球院士评选，蚂蚁区块链荣获“世界互联网领先科技成果奖”，这是迄今为止唯一一个有关区块链的奖项。蚂蚁区块链 BaaS 平台，如图 1 所示。

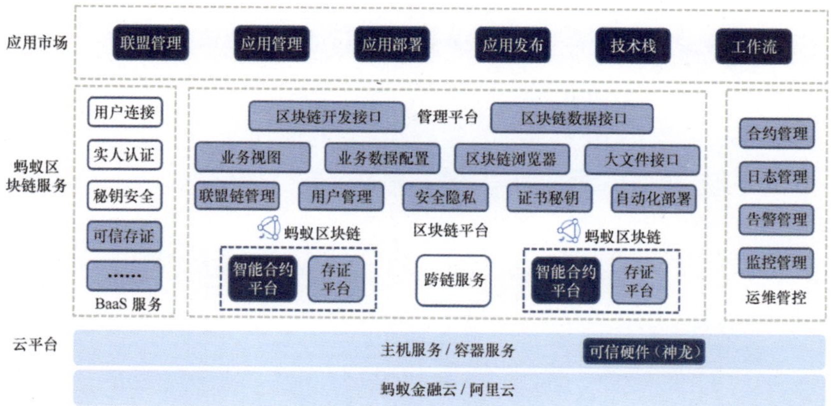

图 1　蚂蚁区块链 BaaS 平台

截至目前，蚂蚁区块链平台已在30多个应用场景落地，帮助很多行业及企业大幅提升业务效率，降低业务成本，促进数字经济快速发展。

痛点解决

当前，在社会经济生活中，尤其是在金融场景下，传统的技术和解决方案已经无法满足发展需要。针对跨境付款、商品溯源、公益慈善和房屋租赁四大场景的痛点，蚂蚁金服提出了解决之道。

传统的跨境汇款往往受时间和地点的限制。例如，汇款人需要去柜台办理；又如，或者收款人需要凭提款码提现。为了改变这种情况，蚂蚁金服打破传统的跨境汇款的串联处理模式，借助区块链的分布式记账功能，将个人跨境汇款处理由"串行"改为"并行"模式，实现了汇款信息的实时共享，节省了信息传递时间和多机构对账成本。

当前，商品购买场景中存在信息不对等、以次充好等情况，一旦出现纠纷，商家可能会推卸责任，导致追责困难。基于这个现状，蚂蚁金服结合物联网技术，实现商品从原材料采购、加工、生产、质检、物流、经销商、零售商到消费者手里全流程信息的可信记录，解决了信息孤岛、信息流转不畅、信息缺乏透明度等行业问题。

一直以来，如何实现公益慈善的信息公开、高效追踪资金流向是业界探索的重点。基于区块链所拥有的天然的分布式共享账本能力，蚂蚁区块链平台汇集并公示了散落的公益信息，实现了捐款数据的全流程追溯，使审计公司、监管机构对公益项目的事中审计和监督成为可能。

在传统的房屋租赁市场中，房源信息真伪难辨、出租运营权无法认定等问题阻碍了政府监管的实施。为了消除这些痛点，蚂蚁区块链平台实现了租赁流程全线上管理，对租赁企业以及实时产生的签约、交易、履约信息进行在线监管；利用区块链技术实现数据存证、隐私保护、授权共享、智能合约共识判断等智能化的管理服务；运用楼盘字典、产权管理、房源编码管理等功能实现住房和城乡建设委员会对房屋信息的管理；利用真实的上链数据，通过积分引擎计算产生住房租赁积分，为新区未来的社会治理提供新模式。

创新亮点

市场研究机构发布的《2018 全球区块链企业专利排行榜》显示，来自蚂蚁金服技术实验室的专利数达到 90 个，位居全球第一。

蚂蚁区块链平台解决了很多区块链产业面临的技术挑战，已经具备金融级平台所需的高性能、高可靠和高安全的特点，在交易性能、信息保护、跨链交互等区块链技术瓶颈点的攻关进展处于世界前沿。

具体而言，蚂蚁区块链平台主要的技术突破包括以下几个方面。

1. 蚂蚁区块链平台实现高性能网络共识

（1）共识协议

在中等规模的联盟链场景中，蚂蚁区块链平台采用独创的贪心并行（Greedy Parallel）共识算法，可以支持数万 TPS；在大规模的联盟链场景中，蚂蚁区块链平台采用异步无主共识算法，使可支持的网络规模在传统 PBFT 算法的基础上提高了一个数量级。

（2）交易并发

蚂蚁区块链平台支持单一账户交易并发执行，进而降低客户端交易的时延，为用户提供更好的体验。通常，大多数蚂蚁区块链平台（如以太坊）会在服务账户模型中通过被使用一次的非重复的随机数值（Number used once，Nonce）来控制一个账户交易执行顺序。而蚂蚁区块链平台采用 Nonce 表（Nonce Table）数据结构和时间戳管理技术支持交易并发，进而从技术上避免重放攻击。

（3）签名优化算法

蚂蚁区块链平台基于阿里巴巴集团自主研发的优化数字签名算法，可以提高高达 50% 的签名验证效率。

2. 蚂蚁区块链平台实现高安全性能

（1）使用零知识证明技术

在数据和隐私保护方面，蚂蚁区块链平台使用零知识证明技术，是第一个适用于基于账户模型的交易金额和账户余额的隐私保护方案。其支持高并发与高扩展性，且无明显性能损失的特点能更好地满足企业级的需求。

（2）硬件安全和隐私保护

蚂蚁区块链平台可信执行环境（Trusted Execution Environment，TEE）在保障安全和隐私的情况下，提升了效率和性能。由于 TEE 的黑箱性质，在 TEE 进行运算的是明文数据，而不需要同态加密中的复杂密码学运算，可以在很大程度上提升蚂蚁区块链平台的安全性和隐私性。

3. 蚂蚁区块链平台实现高效率跨境多机构部署

在天猫溯源应用中，中澳节点相距8000千米，只有250毫秒的时延。在跨境汇款应用中，节点分别设在新加坡与香港，支持3～6秒的跨境汇款到账。

（1）模块化架构设计

蚂蚁区块链平台实现了独创性的组件模块化管理，以插件的形式灵活地组装和部署，可以在客户或项目定制化需求下进行即插即用的工程实现。

（2）跨链数据访问

跨链技术实现多链及链上、链外数据互联互通，扩展了IPLD[1]的跨链协议，实现了对链外存储数据及跨链数据的调用；基于新型TEE安全硬件的Oracle服务作为智能合约平台的可信数据源，支持在智能合约内进行跨链数据访问及外部HTTPS访问。

应用成果

蚂蚁区块链平台已经拥有多个生产级落地应用，将业界领先的技术运用到了民生、商业、政务等各个领域，正在改变社会经济的各个方面。

1 IPLD是所有受哈希启发的协议的一个名称空间，通过IPLD，可以跨协议遍历链接。IPLD定义了一系列规范，让基于内容寻址、加密哈希的分布式系统中的数据变得具有互操作性。

一、跨境付款

2018 年 6 月 25 日，全球首个基于区块链的电子钱包跨境汇款服务在香港上线。香港版支付宝（AlipayHK）的用户可以通过区块链技术向菲律宾钱包 GCash 汇款。第一笔汇款由在港工作 22 年的菲律宾人 Grace 完成，耗时仅 3 秒，如图 2 所示。而在以前，这需要 10 分钟，甚至是几天的时间。

图 2　2018 年 6 月 25 日，菲律宾人 Grace 完成全球首笔区块链跨境汇款

在该应用中，蚂蚁金服海外子公司为香港钱包的个人跨境汇款业务提供了区块链技术平台。在区块链技术的支持下，支付宝香港钱包可以为在港菲律宾务工人员提供 7×24 小时不间断的跨境汇款服务，以及 3~6 秒汇款到账服务体验，降低了多方对账成本。区块链跨境汇款原理如图 3 所示。

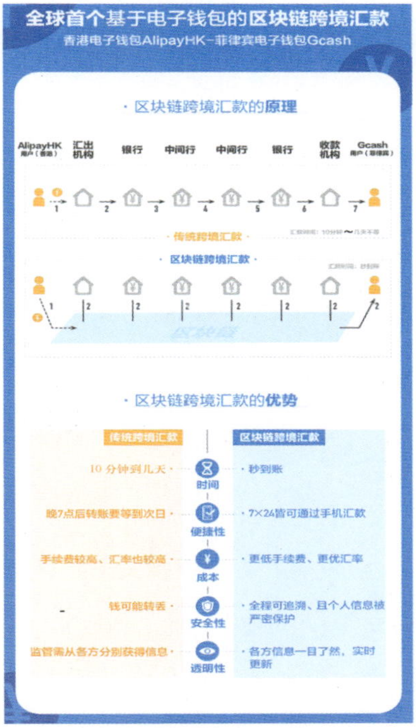

图 3　区块链跨境汇款原理

区块链本身的技术特点能够确保全链路特定信息实时可见、不可篡改，从而为各参与方提供一个可信的信息验证渠道。在技术上，监管机构可以在自己的管辖范围内对个人跨境汇款链路进行实时、全程监控，提高监管的时效性和有效性。在本项目中，蚂蚁金服依次攻克了符合各国监管要求的隐私保护设计、区块链节点跨境多地多机房部署、低时延智能合约交易确认等技术难题，项目累计新申请的区块链技术专利超过 10 项。

二、商品溯源

蚂蚁区块链平台是天猫国际跨境电商溯源系统的重要组成部分，主要功能是对天猫国际销售的澳大利亚与新西兰奶粉产品的相关数据进行可信存证和透明追溯。生产厂商、质检机构、干线物流、海关、分销机构、快递物流等都是溯源链路上的重要参与机构，由这些机构协同在每个商品流通环节将相关数据和信息记录上链，并以自己的数字签名背书，形成一份上下游串联、交叉验证、多方查证的奶粉产品溯源全记录。

蚂蚁区块链平台的溯源应用把溯源链路上的多方记录统一归集到分布式账本上，并通过区块结构锁定记录，形成不可篡改账本。最终，消费者购买奶粉产品之后，可以通过商品溯源用户端的 App 扫码，快速查询此商品的生产、质检、物流、通关、仓储等存证在区块链上的信息。截至 2018 年 7 月 5 日，平台累计贴码近 900 万件商品，覆盖近 3000 个最小存货单位（Stock Keeping Unit，SKU）。

三、公益慈善

2016 年 7 月，蚂蚁金服与中华社会救助基金会合作，在支付宝爱心捐赠平台上线区块链公益筹款项目“听障儿童重获新声”中为 10 名听障儿童筹款，短时间内就筹集了 198400 元，作为孩子们的康复费用。

2016 年下半年，蚂蚁金服又联合中国红十字基金会、深圳壹基金公益基金会、中华少年儿童慈善救助基金会上线区块链项目试点。基于平台，用户能够对善款的相关账目流动信息一目了然。

2017 年 3 月 16 日，支付宝爱心捐赠平台全面引入区块链技术，实现捐赠数据入链、善款来源可追溯。截至 2018 年 1 月 18 日，已经有 37 家公益机构、超过 300 个公益项目接入蚂蚁区块链平台。蚂蚁区块链平台支持的捐赠人次超过 937 万，捐赠金额超过 4800 万元。

四、房屋租赁

在住房租赁领域，蚂蚁金服帮助雄安新区住房和城乡建设委员会打造基于区块链的智慧住房租赁及积分管理平台，在世界范围内尚属首创。

平台通过将区块链与识人核身技术、可信电子合约技术、物联网（Internet of Things，IoT）技术相融合，实现真房、真人、真租、真住的房屋租赁管理新模式，产生的基于租住行为的真实数据为雄安新区住房租赁积分体系提供了坚实的数据底盘，系统化地解决了房屋租赁过程中存在的各个方面的问题。

综上所述，区块链技术能让数字世界像物理世界一样真实可信，让记录在区块链上的数据、资产、合约与规则真实、可信、可追溯且不可篡改。由于消除了信任不足带来的阻力，区块链也能够极大地提升社会、经济网络中的协同效率。

跨境保理融资授信管理平台

实施单位

联动优势科技有限公司

联动优势电子商务有限公司

参与完成人员名单

吴锋海、刘胜、殷舒、陈正、徐加明、余兴华、冉世友、赵树伟、杨士弘、贺虎、祝晓潭、郭阳、王思思、李升、马春明

引言

近年来，中国电子商务发展迅猛，一大批中小企业在浪潮中蓬勃发展。但随着业务范围从境内走向境外，业务流程更复杂，回款周期更长，资金压力也越来越大。

针对涉及跨境贸易的中小供应商企业融资难、融资贵、融资慢等问题，联动优势科技有限公司联合跨境支付机构、境内保理公司、境外电商平台，共同推出了“基于区块链的跨境保理融资授信管理平台”（以下

简称“授信平台”)，为中小企业提供基于跨境贸易订单的融资授信服务，帮助其更便捷地获得融资服务；同时也帮助保理公司有效地控制业务风险，有助于其进一步扩大业务服务范围。

方案概述

授信平台采用联动优势科技有限公司自主研发的区块链底层系统“优链”，利用区块链数据的可信特征，为供应商和保理公司提供融资全生命周期管理、融资额度管理等服务，并根据供应商交易、资信等信息，全面地对供应商进行信用评级，为供应商定制合理的优惠利率，提供灵活的金融服务。

一、平台功能

授信平台主要具备以下 4 个方面的功能，如图 1 所示。

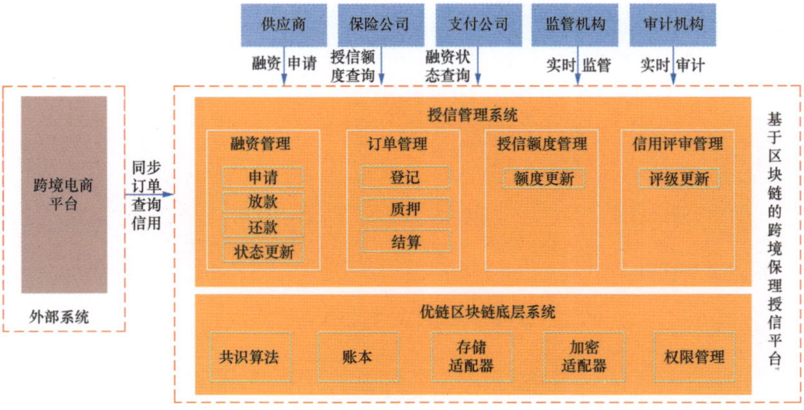

图 1　授信平台架构

融资管理：包括拆分融资申请、放款、还款等。

订单管理：包括未结汇订单的信息采集、跨境结算以及已结汇订单的还款、支付等。

授信额度管理：根据现有订单的状态和融资情况，实时为供应商提供授信服务。

信用评审管理：根据历史订单的状态和融资情况，评估供应商的企业信用状态。

二、总体业务流程

授信平台的总体业务流程包括 7 个方面，具体业务流程设计如图 2 所示。

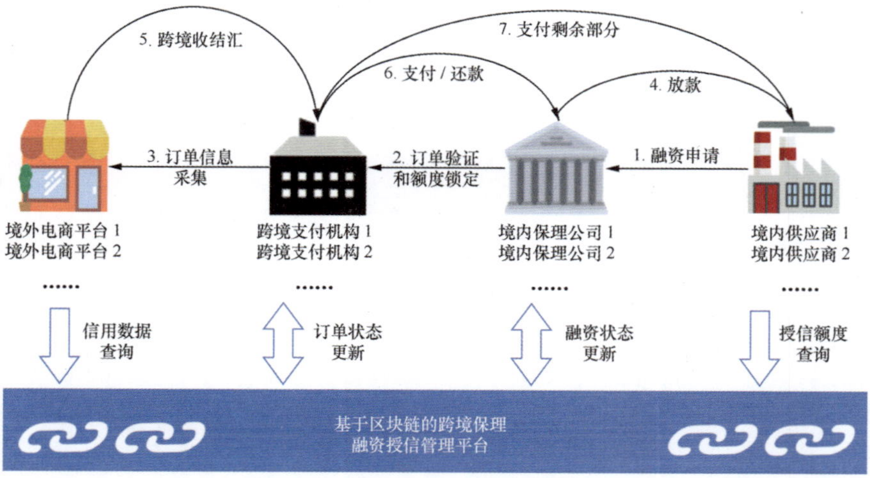

图 2　授信平台的具体业务流程设计

第一，供应商基于在境外电商平台的订单，向保理公司申请融资。

第二，保理公司向跨境支付机构申请订单验证和额度锁定。

第三，支付机构从电商平台采集订单信息，并将订单状态和额度锁定写入授信平台的区块链账本中。

第四，保理公司从授信平台查询授信额度，根据查询结果确定放款额度；同时将放款情况写入授信平台的区块链账本，完成授信额度的更新。

第五，电商平台在到期后发起订单结算，由支付机构完成跨境收结汇。

第六，支付机构根据授信平台所记录的融资情况，优先支付给保理公司，完成还款。

第七，支付机构将剩余的款项支付给供应商，同时更新授信平台中的订单状态。

痛点解决

传统的商业保理在一定程度上解决了中小企业融资难、融资慢的难题。但当其涉及跨境贸易时，仍存在不足之处：第一，大额授信额度无法拆分融资，不同平台授信额度无法叠加融资，融资方式不够灵活；第二，保理公司难以控制供应商使用同一笔订单进行超额融资和多头借贷所带来的资金风险；第三，保理公司审核订单真实性和评估供应商信用的流程复杂、效率低。

联动优势科技有很公司通过引入区块链技术，搭建跨境保理融资授信管理平台，很好地解决了上述问题。

首先，设计数字凭证，支持供应商拆分或叠加应收账款进行融资，方式更灵活。本平台采集供应商在不同电商平台的订单，生成相应金额的数字凭证。大额凭证可进行拆分，不同电商平台的数字凭证可聚合。供应商可根据资金需求进行拆分或叠加，灵活融资，避免承担额外的资金成本，快速满足大额资金需求。

其次，采用可溯源的记账模型，为保理公司提供精准的授信额度服务，降低贷后的资金风险。在传统商业的保理模式下，保理商各自记录融资信息，数据相互隔离，难以审核供应商是否利用相同订单进行多头融资。本授信平台上链综合供应商在各家电商平台的订单数据，以及在各家保理公司的融资情况和还款情况，打破了各个参与方的数据孤岛，对授信额度进行全面、精准的控制，使保理公司降低因供应商还款能力不足而造成的资金风险，提高保理公司的风控能力。

最后，利用区块链的高防篡改特性，为保理公司提供可靠、可信的数据，提高保理公司的业务效率。一方面，授信平台直接对接电商平台的订单数据并确保其无法篡改；另一方面，根据授信平台提供的精准的授信额度管理、全面的供应商信用评估等服务，保理公司可以缩短融资审核流程、提高放款效率。

创新亮点

授信平台的建设和实施在技术、业务模式、服务模式等方面都有所创新。

首先，引入区块链技术将常规保理业务和跨境支付业务有机地结合起来，确保数据的真实、准确、可信、可靠。一是平台基于自主可控的联盟链框架“优链”进行设计开发，通过数字证书进行准入许可，对参与方进行身份认证和授权，确保数据上链前的真实性；二是基于 PKI 公开密钥体系、区块链的时间证明、拜占庭容错共识机制的集体维护这 3 个方面，确保数据上链后不被篡改；三是在数据的准确性上，采用“以链上数据为主、以链外数据为辅”的方式，减少链上、链下的数据不一致的情况，从而降低业务风险。

其次，采用未花费的交易输出（Unspent Transaction Output，UTXO）模型对授信额度进行精确而灵活的控制和调整。一方面，授信平台严格控制供应商每次的融资额度，以免超过其总体授信额度；另一方面，授信平台及时根据其订单状态、融资情况、还款情况对授信额度进行精确的调整。例如，当有新订单时，其授信额度自动叠加；当融资完成后，其授信额度自动减少；当还款完成后，其授信额度自动恢复。同时，供应商也可以根据其实际资金需求，进行任意额度的多次融资申请，未使用完的额度可以继续用于下一次融资，确保能充分使用其授信额度；供应商在完成新订单后，就可以获得相应的新增授信额度；供应商在多家电商平台的订单所对应的授信额度还可以进行叠加，以满足大额资金需求，融资方式更加灵活。

再次，重构保理业务模式和供应商还款模式。保理公司可以通过跨境支付公司，确保订单回款会优先还款给保理公司，有效降低贷后风险，从而为更多的供应商提供融资服务，扩大其放贷业务范围；供应商可以通过跨境支付公司，简化订单回款、融资还款等操作，提高业务效率；供应商还可以通过保理公司及时地获得融资服务，提高融资效率。

最后，提供开放服务平台，通过标准接口对接多家保理公司、多家支付机构、多家供应商和多家电商平台的信息系统。一方面，基于开放标准接口，可以更容易地对接订单和融资的所有相关方，更全面地跟踪订单和融资的全生命周期，打破各家公司间的数据孤岛，有效防范供应商利用相同订单进行多头借贷和超额融资，提高保理公司的风控能力，降低由于供应商还款能力不强而造成的资金风险；另一方面，可以在已有的数据基础上，提供授信额度查询、信用数据查询等增值服务，帮助供应商更便捷地使用其授信额度进行融资，使境外电商平台更容易选择良好的供应商。

应用成果

自区块链的保理融资授信平台上线以来，各参与方都从中受益。

1. 帮助境内保理公司提高审核效率和风控能力

一方面，保理公司从授信平台获取供应商的运营数据和订单信息，审核效率提高了 3 倍，融资审核期限大幅缩短，工作效率大幅度提高，如图 3 所示。

另一方面，授信平台为保理公司提供了可信的融资额度服务，帮助保理公司获得强有力的风险控制能力，降低了资金风险。自平台运营以来，供应商的还款履约率为 100%，保理公司的坏债率维持在最低水平。

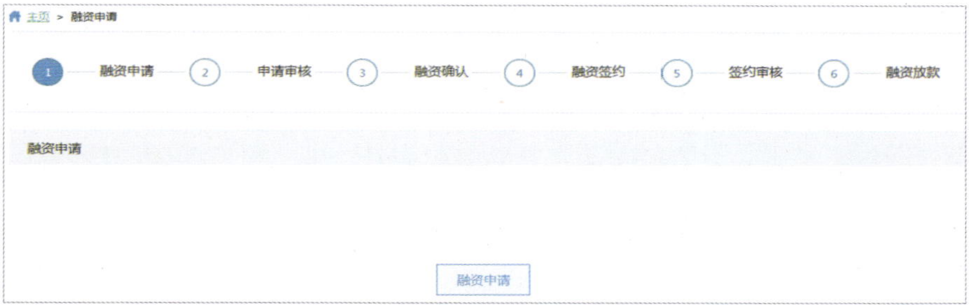

图 3　授信平台融资申请审核流程

2. 帮助境内供应商更容易地获得融资服务

上线后 3 个月，注册供应商超过 30000 家，近千家供应商从融资授信管理平台获得融资服务，提高了供应商的资金周转效率，缓解了资金压力，资金效率和业务运营效率大幅提升。授信平台供应商融资申请记录，如图 4 所示。

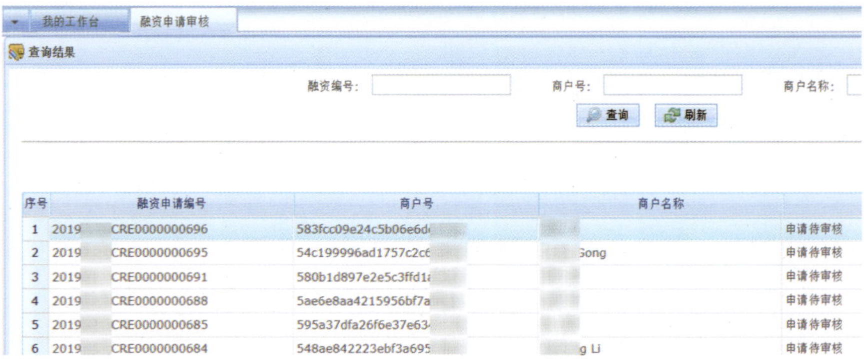

图 4　授信平台供应商融资申请记录

3. 帮助跨境支付公司扩大业务规模

供应商贸易的扩展增加了跨境支付的业务规模，在一定程度上促进了公司跨境支付业务的发展，2017 年年末的月交易额较年初呈现 10 倍的增长。

4. 帮助境外电商加快供应商评估效率，方便其快速拓展供应渠道

随着业务不断拓展，平台积累了越来越多的信用数据，包括订单数据、收结汇数据、融资数据等，从而对供应商企业进行有效的信用评估，帮助电商平台快速筛选相关供应商，拓展其供应渠道，发展跨境贸易业务。

目前，授信平台已经先后接入两家大型境外电子商务平台，帮助其拓展业务渠道；同时还帮助这些电子商务平台的优质供应商更好地获得融资服务，促进电子商务平台供应链健康发展，为其业务的稳定增长提供了有力支撑。

络谱区块链登记开放平台

实施单位

中钞信用卡产业发展有限公司杭州区块链技术研究院

参与完成人员名单

张一锋、侯德光、蔡伟鑫、王加楠、生利、周功程、王暄、叶继英、赖燕飞、陈烨龙、陈伟攀、李正羽、郭晋岱、陈亮、潘镥镥、朱宏亮、常立鑫、梁婷、杜嘉成

引言

信任是经济活动的基础。区块链技术使信任不必基于商业信用或强制力，而仅仅基于透明可信的规则和技术，就能奠定信任的基础。

在此背景下，中钞信用卡产业发展有限公司杭州区块链技术研究院（以下简称“中钞区块链技术研究院”）推出了基于自主知识产权的络谱区块链登记开放平台。

络谱区块链登记开放平台通过底层区块链联合各合作方，对存证数

据、用户身份、数字凭证进行可信记录，为企业用户提供可查询、可验证、可监督、可追溯、不可篡改的权属登记和信息公示服务。各参与方可以将存证信息和数字凭证进行跨机构认证和流转，实现各独立参与方之间的"去中心化"互信协作。

方案概述

络谱区块链登记开放平台是一个基于底层开放许可链的开放式可信登记平台。

一、总体架构

络谱区块链登记开放平台的底层是开放许可链，链内节点分为共识节点、接入节点和见证节点 3 类。其中，共识节点负责将底层开放许可链的数据打包；普通合作方通过在本地架设见证节点或使用云端的接入节点开展业务。接入节点和见证节点都能将合作方的数据上链，区别只有节点所处的位置和接入方式不同。络谱区块链登记开放平台的架构如图 1 所示。

二、平台功能

基于底层链，络谱区块链登记开放平台提供从底层链、中间件到上层应用的完整技术组件和工具，提供接入即用的区块链使用方式，为合作方业务夯实信任基础。络谱区块链登记开放平台的产品工具与功能如图 2 所示。

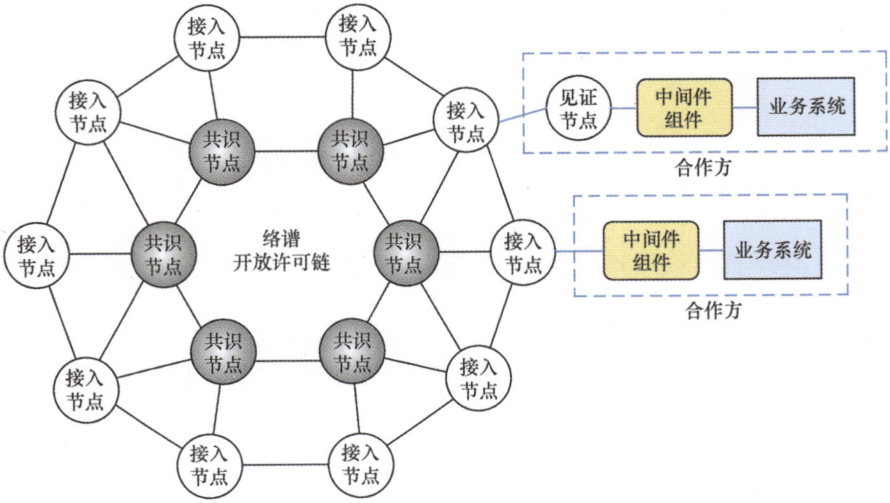

图 1　络谱区块链登记开放平台的架构

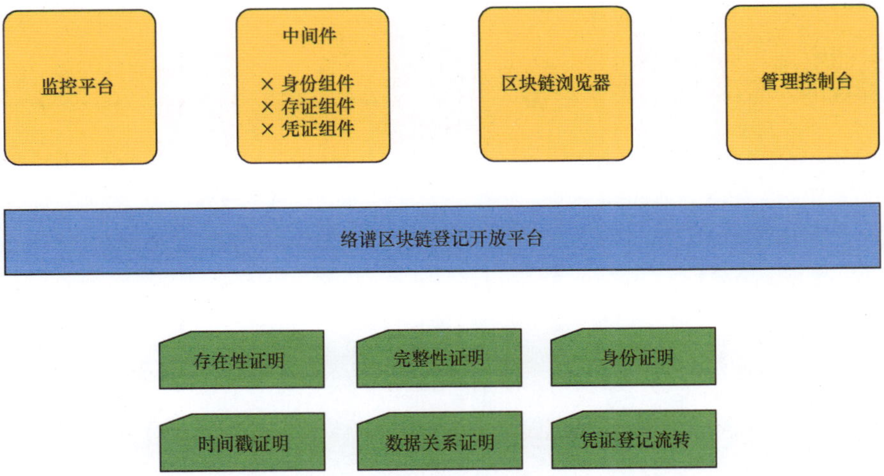

图 2　络谱区块链登记开放平台的产品工具与功能

合作方可从络谱区块链登记开发平台获取存证数据、用户身份、数字凭证的区块链可信记录。

存在性证明与完整性证明：证明合作方数据自生成之时起完整、未被篡改。

身份证明：基于密码学的“去中心化”数字身份技术，对人、组织、设备的数字身份进行认证，确认用户身份，确认业务行为是用户真实意愿的表达。

时间戳证明：提供区块本身的时间戳和可信授时机构提供的授时时间戳，证明数据和业务发生的真实事件。

数据关系证明：基于特殊的存证数据记录结构、身份证明、可信时间证明，可证明存证数据之间的内在联系，证明数据记录、身份、时间三者之间的关系。

凭证登记流转：提供能便利登记、确权、流转的商品或服务的数字凭证管理业务，确保凭证登记和流转不可篡改。

痛点解决

在传统模式下，具有信息登记功能的业务机构存在以下痛点：一是无法自证清白，因为所有的数据都存放在平台本身，第三方无法验证平台提供的数据是否被篡改或者是否完整，无法对外证明其数据的可靠性；二是难以监管，由于无法得到可信的数据源，监管方无法对其登记的数据进行有效监管，造成监管黑洞；三是形成数据孤岛与业务断层，因为登记平台无法自证清白，登记平台之间或者登记平台与第三方合作者之间几乎无法进行业务直连，造成业务断层。

中钞区块链技术研究院通过引入区块链技术，搭建络谱区块链登记开放平台，有效地解决了上述问题。

首先，络谱区块链登记开放平台基于底层区块链进行数据登记，网络中的每个节点都有同步区块链数据的权利，信息的更新需要得到全网节点的登记确认。数据分布式存放于全网节点中，互为备份。因此没有一个管理中心能够对数据采取单方面的控制，也就杜绝了对数据的篡改，确保了数据的不可篡改性。

其次，合作方的存证数据和全量数据分别保存在链上和链下，链上对用户的隐私进行脱敏。对于监管方来说，他们可以随时对链下业务数据进行调取和验证，无须担心络谱区块链登记开放平台的链上存在隐瞒或者伪造业务数据的情况。

最后，络谱区块链登记开放平台仅仅是规则的制定者，平台本身由各参与方共同运营维护，平台数据也被及时推送到各个参与方的节点中。因此，各个参与方可以在统一的规则下相互信任、相互协作，从而打破信息孤岛，建立更紧密的新型合作关系。

创新亮点

络谱区块链登记开放平台在性能、隐私保护、信息上链、易用性、监管等区块链技术的主要难点问题上进行了创新。

在性能方面：通过搭建许可链的可信环境，采用高可信环境下的共识机制，具有性能稳定高效、单块确认共识可靠、容错性较高的特点。络谱区块链登记开放平台的出块时间在 3 秒左右，并对区块链容量与智能合约进行了优化；采用专利技术，在发送交易时将随机数作为序列号并指定超时块高，实现了业务层面的交易并发和超时确认功能；采用新的共识方案保证区块链单块确认不可逆，使现实业务落地具有可行性。

在隐私保护方面：通过仅将数据哈希值上链的办法，在现有的算力条件下无法破解原文，实现了对原文信息的保密。基于真实身份认证的假名保护，实现了身份可追溯条件下对账户身份隐私的保护。同时，身份信息的明文信息对监管方开放，第三方也可以通过对比明文哈希值与链上哈希确认信息的真实性，从而满足将隐私保护情况便捷地提供给信息使用方验证、提供给监管方审查的需求。

在信息上链方面：对上链的用户身份进行身份认证，上链用户需要对上链信息业务层的真实性负责，接受监管，并支持物联网终端设备的客观数据直接上链，从而确保上链信息真实客观。

在易用性方面：通过提供中间件组件，便于与传统的业务系统对接集成，降低合作方的学习成本和开发成本，实现信息检索、事件通知、数据格式转换上链的多种功能，解决了目前一般区块链平台缺乏灵活数据查询支持、缺少事件机制、上层业务和底层逻辑的业务系统设计不一致的问题。

在监管方面：在符合隐私保护的前提下，满足信息使用方验证、监管方审查等功能要求。在用户身份上，合作方可以向监管方提供所有认证用户身份的明文信息，监管方可以将其与区块链存证信息匹配鉴别；在凭证上，合作方发行的数字凭证对应其承诺的产品或服务。监管方可以对其资产能力进行评估，并对其数字凭证的发行上限、发行模式和流通行为进行监管。具体的监管手段包括报表统计、发行量上限调整、流动性限制等。

应用成果

络谱区块链登记开放平台自上线以来，已有 100 多家单位申请接入使用，并多次受到政府部门、行业协会等对其在区块链应用领域所起到的示范效应的肯定。络谱区块链登记开放平台的主要应用场景包括知识产权保护、不良资产处置、电子合同存证、鉴定证书登记、数字身份服务、可信时间服务、电子政务、食品溯源、工业大数据交换、区块链锚定等。

以某银行的合同存证案例来说，络谱区块链登记开放平台平台提供了四大核心服务。

数据保全：互联网金融平台形成的电子协议实时同步到络谱区块链登记开放平台，并加盖时间戳。数据分布式储存于网络节点中，确保协议的安全性和不可篡改性。

数据脱敏：金融产品协议的隐私性和机密性高，因此需要对链上的金融产品协议数据进行加密存储。即使节点存储了相关协议数据，也无法获知协议内容。而协议相关方只有掌握解密私钥，通过络谱区块链登记开放平台提供的中间件，才能自由地查询数据。

权属中立：络谱区块链登记开放平台仅提供金融产品协议的保全服务，不提供该产品的权属登记、权属转移等服务。络谱区块链登记开放平台记载产品协议数据的目的是为司法追溯提供依据和保障，而非代行互联网金融平台的职能。

数据公证：络谱区块链登记开放平台对接法律服务机构，可以通过存证的金融产品协议数据申请司法证明材料。

该银行的电子存证方案，如图 3 所示。

近年来，随着银行业务线上化的发展，如何证明线上签约的“本人意愿、本人操作”是亟待解决的问题。同时，电子化的产品协议往往储存在单一机构，一旦因偶发原因丢失，就会对投资人证明和申索投资权益造成巨大的困难。另外，电子化的证据存在可复制的特点，单方面的举证存在瑕疵，在司法追溯时认定困难。

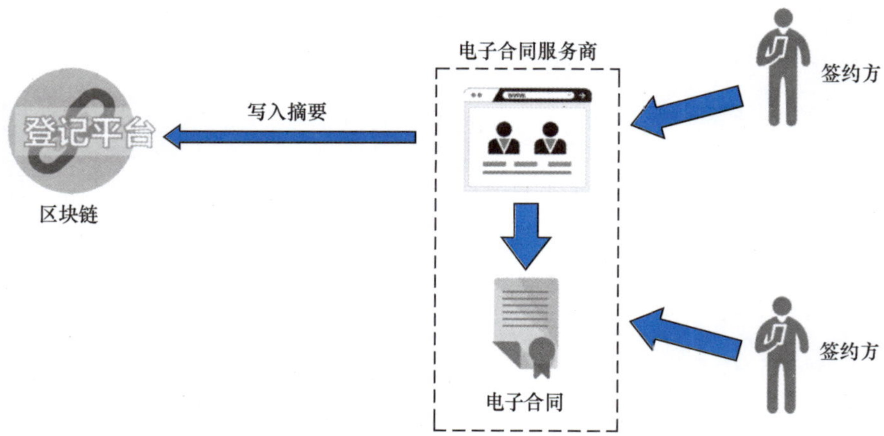

图 3　该银行的电子存证方案

将络谱区块链登记开放平台接入银行业务平台，通过区块链技术的应用，引进中立的第三方为整个过程做见证，很好地解决了上述问题。

络谱区块链登记开放平台为银行提供了线上签约类业务证据链的存证。存证信息不仅需要电子合同文本，还需要证据链，包括客户的登录信息以及产生电子合同过程中所有的交易信息、业务信息、电子合同文本信息。

汽车物流供应链服务平台

实施单位

上海万向区块链股份公司

中都物流有限公司

参与完成人员名单

罗荣阁、赵子龙、傅晓阳、何颖平、何宇豪、骆奕文、李杨、朱佳勇、马晓、朱雅妮、陈立涵、陈尹、傅家林

引言

整车物流是生产制造环节的终点，也是市场销售环节的起点。商品车在运输途中需要参与者多方背书，因而传递流转的运单凭证，以及由此衍生的烦冗低效的对账结算过程，给物流中心企业带来了长期的困扰。此外，传统的基于纸质运单的签收结算模式已成为制约公铁水联运效率的瓶颈，尤其是铁水联运的前段集运、末端分拨对运单的管理和分拣已经成为影响发运效率的重要制约因素。

针对上述情况，上海万向区块链股份公司与北汽集团子公司中都物流有限公司构建了基于区块链技术的集物流、结算与供应链金融三大功能模块的综合服务平台——汽车物流供应链服务平台（以下简称“运链盟”）。

方案概述

运链盟由上海万向区块链股份公司与中都物流有限公司合作开发，采用由万向区块链、微众银行、矩阵元三方联合研发的区块链底层技术开源平台（Block Chain Open Source，BCOS），集合中都物流的运输管理系统（Terminal Management System，TMS）、结算管理系统（Battery Management System，BMS）、汽车销售公司的经销商管理系统（Database Management System，DMS）等实现了与银行系统的对接，如图 1 所示。

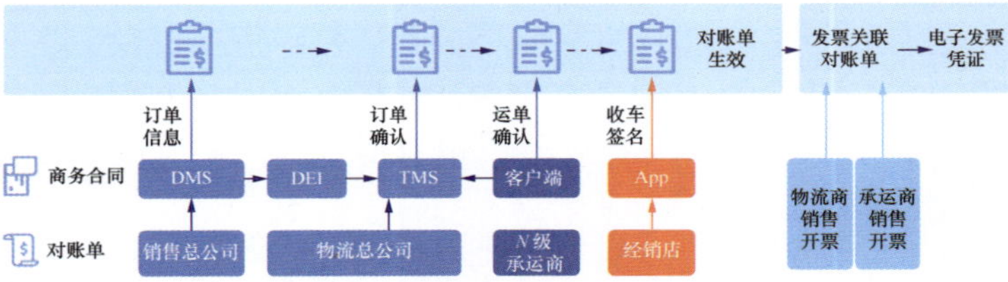

图 1　运链盟架构

运链盟可为中都物流有限公司及其供应链上下游的链属企业（汽车销售公司、承运商等）提供电子运单发布、签收、结算及金融服务。

一、平台功能

运链盟主要实现了 3 个方面的功能。

第一，构建基于区块链技术的商品车电子化运单及多方互信的商品车签收公共账本，提升汽车物流供应链的效率和信息透明度。

第二，取消现有整车物流业务模式中纸质运单的作业及流转，实现基于电子运单的物流运营和供应链相关方在线对账模式，为传统行业的数字化转型落地提供增值服务。

第三，基于不可篡改的订单、运单信息及在线应收、付账、对账数据，实现在线融资申请功能，为承运商提供高效且成本较低的供应链金融服务，帮助改善整车物流生态的运作。

二、融资业务流程

运链盟的融资业务流程如图 2 所示。基于多方共识、不可篡改的订单、运单信息及在线应收、付账、对账数据，承运商可以在线发起融资申请，在极短的时间内收到平台合作银行的信贷资金。

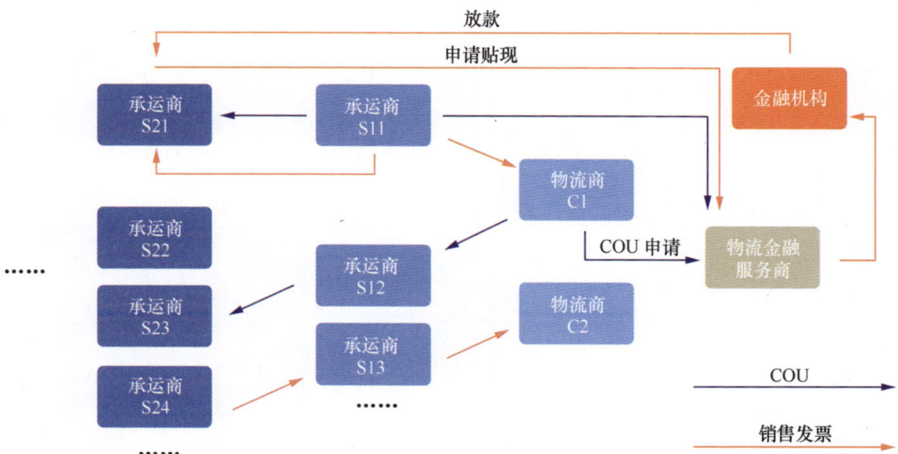

图 2　运链盟的融资业务流程

痛点解决

在日常业务的开展中，汽车供应链物流行业的中小型承运商往往面临以下三大“痛点”。

应收账款账期较长：账期一般在 3 个月以上，在少数情况下，供应商在车辆运抵 12 个月后才能收到运费。

融资难：承运商因资产规模较小，信用评级通常不高，很难在传统金融机构获得融资。

融资贵：承运商一般只能在保理公司、小贷公司获得借款。经调查，供应商的融资成本通常超过年化 15%。

针对上述痛点，运链盟制定了具有针对性的解决方案。

首先，利用区块链技术可信任的特点，构建基于区块链技术的商品车运输电子运单签收结算平台。

其次，集合汽车销售公司、核心物流公司、承运商、经销商等汽车供应链企业，从供应链总体成本降低和效率提升以及各相关方受益的原则出发，构建基于区块链技术的商品车电子化运单及多方互信的商品车签收公共账本。同时，实现基于电子运单的物流运营和供应链相关方的在线对账模式。

最后，提供基于多方共识、不可篡改的订单、运单信息和在线应收、应付账款对账数据的供应链金融服务。在车辆运抵后，平台可通过 API 接口从中都物流有限公司的 BMS 获取运单金额。承运商可在平台上勾选已计算出金额的运单，一键提交融资申请。中都物流有限公司则可通过平台对申请融资的应收账款进行核实、确认。金融机构可通过 API 接口从平台获得审核放款所需的合同、运单、确权等信息，快速完成放款工作。重要信息均在椭圆曲线加密算法加密后由多方共识、储存在区块链上，数据的安全性、真实性得到了保证。

创新亮点

在运链盟的研发及推广过程中，从理论、应用、技术、架构等方面来看，技术提供方主要做出了以下 6 点创新。

第一，对于智能合约，采用了逻辑合约和数据合约分离的方式，从而可以基于业务的需要对合约逻辑独立升级。应用采用合同名称服务（Contract Name Service，CNS）调用智能合约，支持智能合约灰度升级。

第二，应用开发权限模型功能，为每个节点分配相应的角色账号；通过部署权限系统合约，为每个节点 / 机构 / 账号赋予细化到接口的权限。

第三，关键操作均使用椭圆曲线电子签名算法进行数据签名并上链。椭圆曲线电子签名算法利用椭圆曲线离散对数问题的难解性保证电子签名无法被伪造。区块链采用默克尔树数据结构，保证交易信息不可被伪造。在区块链结构内，后续区块持有前一个区块的密码学哈希指针，哈希指针可以保证之前区块的数据无法被篡改。综合运用椭圆曲线电子签名算法与区块链数据存储，系统为用户提供低成本的跨企业的可信信息互换，关键数据具有可追溯性、不可篡改和不可抵赖性。

第四，结合椭圆曲线秘钥协商算法与高级加密标准（256 比特秘钥）

对用户的隐私数据进行加密，仅用户本人和被授权方可以解密加密后的数据（服务提供方也无法解密用户的隐私数据）。加密强度越高，被破解的可能性就越低。椭圆曲线秘钥协商算法能够在不暴露任何一方私钥也不建立安全信道的前提下，协商出共享的对称加密秘钥，安全性好。高级加密标准可以基于伽罗华域运算，抵抗所有的已知攻击，256 比特秘钥的抗攻击性很强。

第五，采用多方加密机制，由多家企业、机构共同作为加密方，将用户的私钥进行多次加密后，保存在服务提供商的服务器中。任何一方都无法单独解密用户私钥，但各方协作可以恢复用户私钥。如果用户丢失私钥，则可以由多方依次解密找回丢失的私钥。找秘钥的过程不会将用户私钥暴露给参与恢复的任何一方，用户依然是私钥的唯一拥有者。

第六，将数据通过上链中间件进行异步上链；同时，以状态机（包含回滚、重试等操作）来确保链上数据和数据库中数据状态的最终一致性。

应用成果

运链盟自上线以来为用户带来了显著的综合收益及社会效益。

1. 工作效率提高

许多原本繁杂冗余、周期较长的工作都在线上完成，极大地提高了工作效率和企业生产力。运单流转、对账周期可减少 30 天以上。

2. 成本降低

在物流成本方面，根据物流总包商的估算，使用电子运单后，每运输 100 万台车将节约大约 285 万元的成本，其中纸张成本约 28.57 万元，制单人工成本约 20 万元，运单审核成本约 43 万元，快递成本约 200 万元。

在融资成本方面，据调查，承运商受限于资产规模、营收能力、信用评级等因素，很难直接从银行获得贷款支持。承运商在保理公司、融资租赁公司获得借款的平均利率（年化）一般为 12%~15%。通过运链盟平台申请借款，融资成本可大幅下降。

3. 其他业务收入

基于记录在区块链上的不可篡改的业务数据，承运商可获得与平台合作的金融机构提供的融资服务。因技术提供方搭建了平台、提供了信息服务，因此会收取一定的技术服务费。

借款人的交易对手方提供了其所拥有的业务数据，佐证了贸易的真实性，为降低融资风险做出了贡献。根据各参与方共同制定的激励机制，为平台良性发展做出贡献的参与方均可获得一定的奖励，此奖励为获奖企业增加了其他业务收入。

4. 历史数据安全性提升

原纸质单据易污损、丢失、涂改，且保管与查阅工作费时费力。实现单据电子化，将数据保存在区块链上后，历史数据可永久保存、不可篡改且方便调阅。

5. 低碳环保

电子订单、运单取代了纸质订单、运单，减少了纸品的使用。纸的需求减少，其全生命周期（从初期的纸浆生产到后期的废纸处理）带来的碳排放量及污染也同比例降低，更加环保。

自上线以来，运链盟获得了诸多奖项：入选中国支付清算协会金融科技专业委员会联合中国信息通信研究院评选的"2018 金融区块链创新应用优秀案例"；获评中国物流与采购联合会区块链应用分会评选的"2018 中国物流与供应链产业区块链应用创新奖"；获评中国万向控股有限公司"2018 年度创新奖"；荣获欧洲金融（Euro Finance）评选的 2019 年度陶朱奖（Taozhu Gong Awards）"最佳技术应用奖"。

Application Practice of Trusted Block Chain

区块链保理业务系统

实施单位

华软金信科技（北京）有限公司

参与完成人员名单

潘东、马明全、周媛、董飞飞、杨文语、李伟

引言

近几年，区块链技术快速发展，各种应用场景不断创新。2017 年，中国人民银行推动的基于区块链的数字票据交易平台测试成功。2018 年 6 月，全球首个基于区块链的电子钱包跨境汇款服务也在中国香港上线。区块链技术自有的防篡改、自治性、隐私性等特点，为解决现有问题提供了新方法和新手段。

2018 年，华软金信科技（北京）有限公司（以下简称“华软科技”）发布了金融科技发展战略，自主研发五大平台，共筑“简云生态”。其中，智能产融平台“简链”（以下简称“QloudBaaS 平台”），就是采用区块链

技术无缝链接企业和金融机构，构建随需而扩的区块链应用框架，实现“*M*+1+*N*”的供应链金融新模式，即以QloudBaaS平台为“1”个中心，连接“*M*”个资金方，为“*N*”个产业链上的中小企业提供融资服务。同时，QloudBaaS平台也是企业采购、销售等业务流程的管理平台，可将金融服务融入企业的业务场景，带来可视化、引导式的全新服务体验，构建开放共享的产融新生态。

方案概述

华软科技开发了通用的区块链应用平台QloudBaaS平台，并将其成功应用于供应链金融保理业务。

1. QloudBaaS 平台概述

供应链金融业务流程复杂、参与方多、信息分散，若要把传统的线下融资服务搬到线上进行，必须确保各方信息一致、开放、透明、安全、可信。作为华软科技“简链－智能产融平台”上的核心产品，QloudBaaS充分利用区块链技术防篡改、自治性、隐私性等特点，构建各节点的分布式账本，通过共识算法满足各方对数据真实性和安全性的要求。通过QloudBaaS，华软科技实现了高成长企业和金融机构之间的无缝对接，为企业提供线上的供应链金融服务。

2. QloudBaaS 平台的技术特点

第一，采用分层的组件化设计，部署灵活、便于扩展。

第二，对底层技术模块进行封装，对外提供标准接口，以便快速对接行业应用。

第三，预留扩展层，实现零知识证明及跨链交易，满足未来业务发展。

3. QloudBaaS 平台的整体结构

QloudBaaS 平台的整体结构，如图 1 所示。

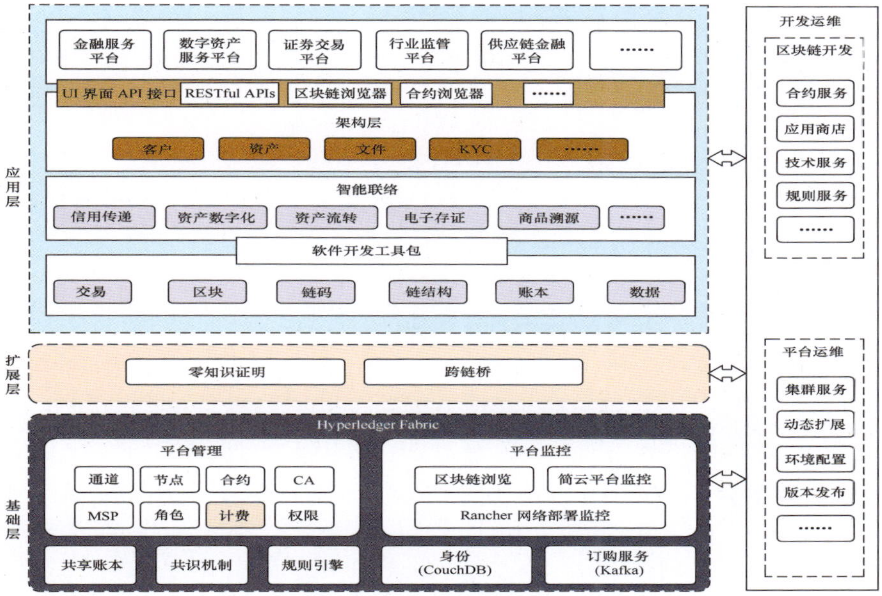

图 1　QloudBaaS 平台的整体结构

应用接口层：包括提供给操作者的用户界面（User Interface，UI）界面和提供给其他信息系统的 API 接口，如对接保理业务系统，实现区块链保理业务应用。

架构层：包括基本信息、资质、授信等客户信息，以便“了解你的客户”（Know Your Customer，KYC）；也包括贸易合同、发票、应收账款等资产信息，可以构建金融产品模型；还包括融资申请、还款记录、违约、纠纷等业务信息，可以构建贷后管理模型。

智能联络：提供智能合约定制开发服务，快速实现业务应用；在应用案例中，根据业务需求编写保理池融资业务智能合约，实现信用传递、资产数字化、资产流转、合同电子存证等功能。

软件开发工具包：一类是通过交易写入区块生成类接口；另一类是查询底层交易数据的区块查询类接口，如采购订单、发票、融资合同信息上链存储、合约执行、上链数据查询等。

合约技术：包括交易、区块、链码、链结构、账本、数据等，如在保理业务中，将客户授信、贷款合同等写入区块链后，自动执行合约规则链码，每个参与节点可共享信息。

管理平台：包括共识管理器、权限管理、区块链管理、通道、节点、成员服务提供商（Membership Service Provider，MSP）、CA、规则引擎等，为平台应用者提供系统部署、运营管理、数据分析等服务。

监控平台：包括区块链数据浏览器、区块链状态监控、网络动态监测。

计费管理：包括服务类型、服务方式、服务标准、费率等参数的设置和管理。

痛点解决

供应链金融保理业务的难点有以下 3 点。

第一，认应收账款贸易关系的真实性困难。

第二，企业征信调查、尽职调查、订单追踪、实地核查等环节线下操作，耗时耗力。

第三，供应商、采购商、保理商、供应商多方参与的贸易关系存在信息不对称、不透明、易篡改、风险高的问题。

针对以上 3 个方面的难点，QloudBaaS 平台提供的解决方案如下所示。

基于 QloudBaaS 平台，将核心企业、供应商的资信、交易等数据通过共识算法写入区块链，通过智能合约控制业务规则解决业务难点、提高线上执行的效率。供应链金融保理业务的解决方案架构，如图 2 所示。

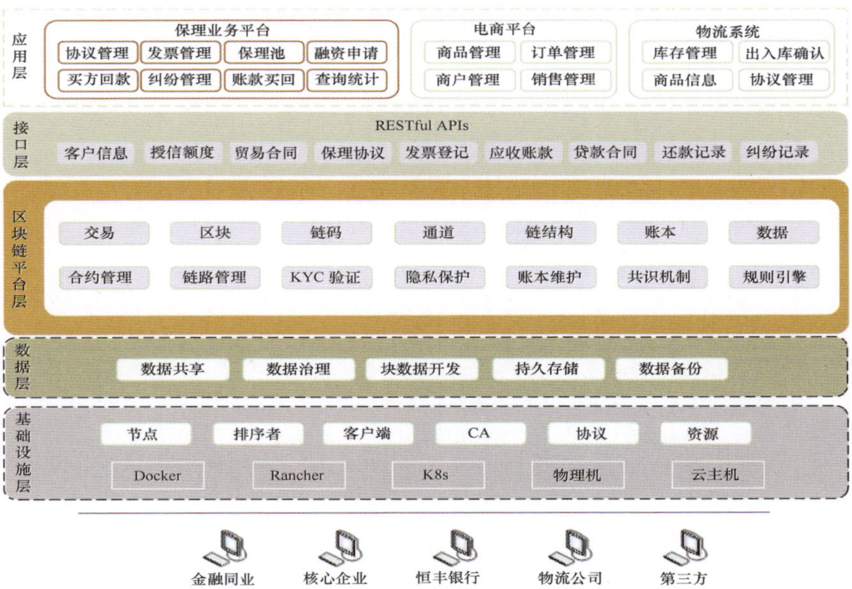

图 2　供应链金融保理业务的解决方案架构

应用层：对接供应链金融保理业务系统、电商平台、物流系统。

接口层：提供权限开放的标准接口，允许供应链金融保理业务系统、电商平台、物流系统运行访问和操作。

区块链平台层：编写保理池融资合约链码，如应收账款整体转让合约、融资条款合约、融资合同执行合约、贷后管理合约、资金划转合约、合同存证合约等，生成共享账本供业务参与者实时查看；同时，提供保单格式的业务浏览窗口，便于授权交易方查看、分析统计。

数据层：开源的面向文档的数据库管理系统（Couch DB）按时间戳存储加密的上链业务数据不可篡改，只有“读”和“写”操作。

基础设施层：部署区块链网络，参与节点包括恒丰银行、平台方、金融同业、物流方等；可随着业务的扩展动态地增加经销商、分销商及更多业务参与方节点，并可通过 QloudBaaS 平台可视化监控模块，实时监控网点的运行状态。

创新亮点

QloudBaaS 平台为区块链的应用带来的创新和优势有以下 4 个方面。

第一，传统的企业征信调查、尽职调查、订单追踪、实地核查等环节花费了大量的人力、物力且耗时长，采用区块链技术打通各个环节可以为其提供便利。

第二，区块链具有透明性的特征，在整个链上的任何数据都可以被查询、追溯。基于其存储的记录不可篡改的特性，它可以用来降低交易过程中的欺诈风险，在提高交易精度的同时简化交易过程，降低保持数据的原始性和交易可追溯的成本，为整个供应链提供担保授信依据。

第三，目前的供应链金融是一种“中心化”的模式，保理公司或银行依托一家核心企业开展业务，为核心企业的上下游提供服务。基于区块链的供应链金融可以实现授信担保中的“去中心化”，实现支付与结算的自动化、高效化，实现物流与资金流、信息流、商流四流合一。

第四，现阶段，我国不够完善的征信系统、法律体系不足以为保理业务的征信以及风险控制提供全面的服务。将区块链技术运用于征信平台可以有效控制操作风险的发生；将调查的各个环节都真实地记录在区块链上，由于区块链的公开性、不可篡改性等特点，能够为保理公司或银行的运营管理提供重要依据。

应用成果

1. 项目背景

倍升互联（北京）科技有限公司（以下简称“倍升互联”）为企业提供包括移动终端设备、移动应用开发、移动化管理以及全生命周期运维服务在内的“一站式”移动化解决方案。

倍升互联作为多个一线品牌（如 Apple）的一级经销商，向多家大型核心企业（美团、今日头条、阿里巴巴）供货。

为加速资金周转、扩大业务规模，倍升互联与某银行签订《应收账款转让保理池融资协议》。

2. 供应链金融保理业务流程

《应收账款转让保理池融资协议》约定：以赊销项下转让应收账款余额为基础融资，融资发放及归还以应收账款余额为基础，不与单笔应收账款的转让、付款、金额、期限相匹配。

协议中的业务主体，如图 3 所示。

A(供应商)，即倍升互联，是应收账款出让方。

B(核心企业)，即倍升互联的大客户，是应收账款确权方。

C(保理商)，即某银行。

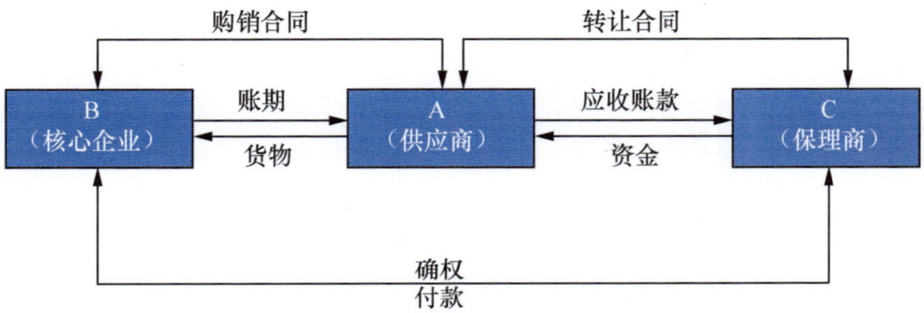

图 3　协议中的业务主体

约定的业务流程如下所示。

第一，业务尽调：了解行业、企业背景查询征信、诉讼纠纷、负面新闻等，撰写尽调报告。

第二，签署融资合同：确定授信有限期、总额度、利率、费用等。

第三，落实合同要求：如共管账户、公证、落实质押等担保手续。

第四，A(供应商)提供应收账款明细表和应收账款对应合同、发票、其他票据复印件等。

第五，B(核心企业)见证应收账款对应的合同、发票、其他票据原件，查验发票真伪。

第六，C(保理商)审核并确认合格应收账款的质量及金额，给每笔应收账款匹配账期，确定单笔应收账款对应的融资比例，发确认函给 B。

第七，授信有效期内的提款、还款处理。

第八，授信到期的业务处理。

第九，收回本息后，配合解除先前担保手续，业务结束。

3. QloudBaaS 智能合约流程说明

第一，倍升互联通过电商平台发起应收账款融资请求到银行保理业务系统。

第二，保理业务系统获取倍升互联的客户信息、征信信息、采购订单信息，审核贸易的真实性，评估风险。

第三，风险评估通过后，保理系统调用放款合约接口，将款项打到智能合约，并开始计算利息。

第四，商户通过电商平台调用放款支付接口，从合约里借出全额资金。

第五，到达还款日后，商户通过电商平台调用还款查询接口查询应还金额，再通过电商平台调用还款接口还钱给合约。

第六，商户可分批还款，合约会根据还款金额匹配计息规则，自动计算所还的本金及利息。

第七，在商户还款后，银行可调用贷款金额查询获取当前贷款的总金额，分析保理业务规模及收益情况。

4. 项目收益

对于某银行：通过区块链 + 保理池融资业务系统有效提升金融服务质量，提高企业在接受金融服务过程中的整体感受度，增强银企联动；同时，节约因资信调查、账务管理、账款追收等由应收账款所产生的管理成本，扩大了风险可控的中小企业放贷规模，增加了收益。

对于倍升互联：通过区块链+保理池融资业务将解决倍升互联由于赊销业务模式而产生的资金周转困难问题，将未到期的应收账款即刻转换为现金，有效改善财务结构，为买方提供更有竞争力的远期付款条件，拓展市场，通过与直销大户多频次交易获得信用背书，满足资产方低成本的融资需求。

对于华软科技：通过区块链技术的高科技手段将资产方、资金方无缝对接，共同运营业务，获取服务费收益，通过金融科技形成新的收入增长点。

背景链接

华软科技是一家领先的金融科技创新企业，秉承“科技致新，金融至简”的发展理念，携华软集团在科技金融领域的10年积累，整合金融与产业两大垂直领域的科技力量，采用云计算、大数据、区块链、人工智能、分布式等新技术，自主研发新一代技术平台，构筑“简云生态”，为银行和企业提供新场景、新经营模式和新生产能力。

供应链金融解决方案

实施单位

易见供应链管理股份有限公司

参与完成人员名单

邵凌、刘天成、罗志洪、胡玉苹、嵇长青、朱振博、高娜、顾彬、杨月端、江万东、刘旭霞、段庆龙、程若鑫、汪鑫等

引言

传统的供应链金融行业存在信息不对称、贸易背景的真实性核查较困难、容易出现操作性风险、融资成本高、供应链效率低等问题。这些问题具体表现为3个方面的业务痛点：中小企业融资难、成本高；贸易数据验证成本高；供应链金融体系效率偏低。究其根本，传统的供应链金融行业缺乏有效的技术手段验证贸易的真实性并对金融资产的实时状态进行跟踪，无法实现底层资产的穿透式管理。

针对上述问题，易见供应链管理股份有限公司基于区块链技术，结合信息系统的集成，设计、开发了可溯源的供应链金融解决方案，实现了贸易背景在线核查、底层资产透明可视。

方案概述

易见供应链管理股份有限公司经过近两年的研发和在实践中对业务流程的不断优化，形成了一套基于区块链的可溯源供应链金融服务解决方案，即"易见区块"。

"易见区块"关注供应链金融中"信息闭环"与"资金闭环"两个核心风控逻辑；将区块链作为底层技术，以不可篡改的方式刻画交易双方的真实贸易背景；提供可视化的贸易信息，具备购销信息展示、货流实时监控、单据传递跟踪、结算快捷准确的特点。

同时，"易见区块"还支持开放式的融资需求双向选择、融资随借随还等多样化的流程设计；可实现金融机构对贸易融资投放与回收的专户管理，解决资金闭环的问题。此外，"易见区块"还具备企业与用户管理、资金管理、资金账户服务、电子合同服务、报表服务、通知服务等功能。

"易见区块"解决方案包括可信数据池、供应链贸易系统、供应链融资平台以及供应链金融资产证券化平台 4 个组成产品，整体架构如图 1 所示。

1. 可信数据池产品

可信数据池产品帮助企业基于区块链技术建立权属明晰、可信可溯源的数据保护机制，通过与企业的贸易系统、生产系统、ERP 系统实时连接，将数据以区块的形式写入企业权属下的“可信数据池”。在对数据进行加密保护的同时，也通过密钥管理建立数据授权访问机制，让数据增信并可追溯，如图 2 所示。

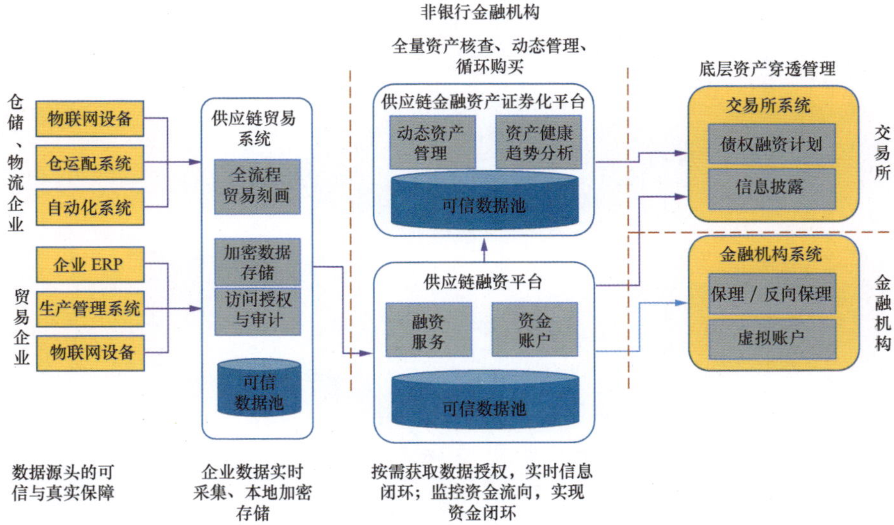

图 1 “易见区块”的产品架构

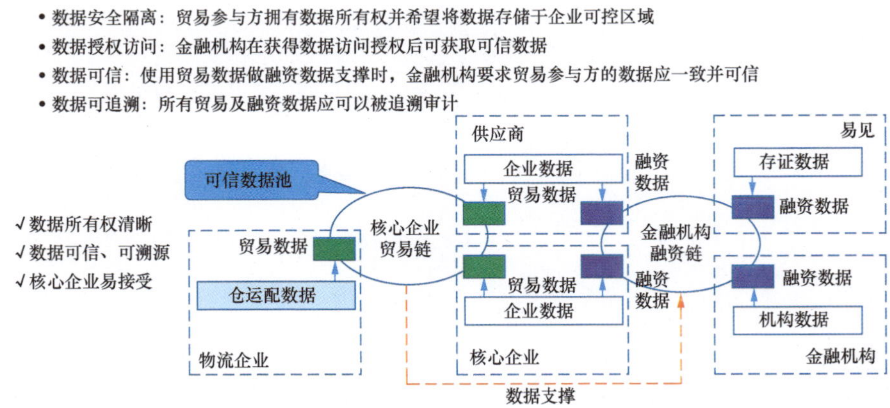

图 2 可信数据池产品

基于区块链底层技术的"可信数据池"既可以架接多样化的软件应用，又可以实现区块跨链的交互引用，具有功能应用和连接模式的灵活性和延展性。

2. 供应链贸易系统

供应链贸易系统可呈现贸易合同、订单、发货单、收货单、单笔结算单、结算汇总单等信息。供应链贸易流程，如图 3 所示。

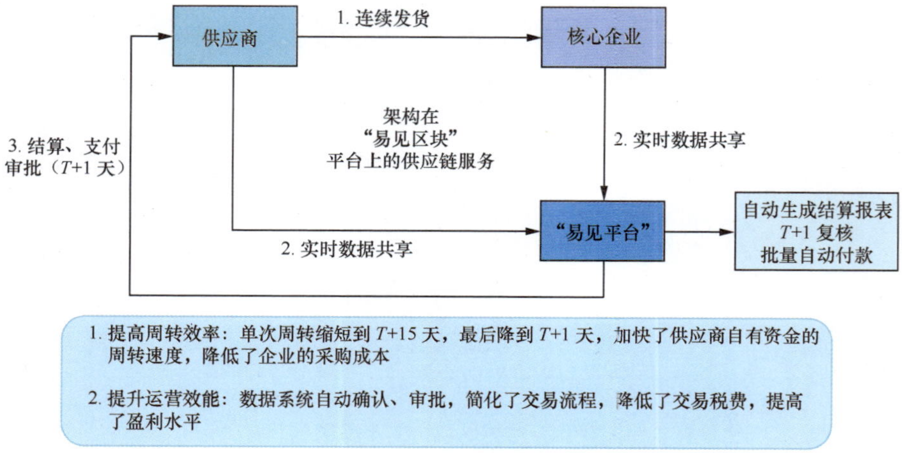

图 3　供应链贸易流程

供应链贸易系统提供与企业现有信息系统的对接接口，可以实现按天同步数据并存储于可信数据池。信息系统对接和数据同步保证了源头数据（即上链数据）的真实性；可信数据池则保证了数据上链之后的真实性。基于真实可信的数据进行商流、物流、信息流和资金流"四流合一"的交叉比对，除方便供应链贸易、加速资金周转之外，还为后续的金融服务奠定了数据基础。

3. 供应链融资平台

在供应链融资平台上，供应链上的各参与方，包括核心企业、上下游中小企业、银行等资金提供方等，实现了基于可信数据的线上协同。

同时，在供应链的贸易系统中，基于区块链的可信数据跨链数据授权访问，实现供应链中“四流”的相互交叉验证核对和贸易可视、透明、难以篡改，为金融机构提供贷前预审及贷后管理辅助功能。供应商在平台上发起融资需求，金融机构响应，核心企业确权，由“易见区块”提供平台服务，金融机构为供应商提供融资服务，有效扩大了金融机构的低风险资金投放量，提升供应商的资金周转率，降低融资成本，优化核心企业的采购环境。

4. 供应链金融资产证券化平台

供应链金融资产证券化平台的核心功能是有效管理资产。由于其刻画了资产形成、审核、发行、循环及成熟的全生命周期，并利用区块链技术保障了数据的真实性和不可篡改性，因此整个系统实现了信息闭环，能够准确把控资产的真实性和风险，为底层资产的全量信息披露和穿透式管理提供有效支撑。

平台对入池资产从数据源头进行穿透式管理，每个底层资产的状态和属性都对应“易见区块”中的应收账款，对资产属性实时监测，并对存续期内资产包超出设定值的资产条目进行预警。所有数据从源头进行系统管理，发行期及存续期的所有操作均由系统记录上链并保留相应附件，降低人工处理产生的错误率，实现全链条在线协同，提高效率，保证操作可视、数据可溯源。

同时，通过对资产数据的分析和交叉比对，平台可以分析资产仓中的资产属性及趋势，并对资产包的健康状况做出评估。

痛点解决

对传统供应链金融行业中存在的“中小企业融资难、贸易数据验证成本高、供应链金融体系效率偏低”等业务痛点，易见供应链管理股份有限公司基于区块链的五大技术——共识机制、共享账本、分布存储、智能合约和隐私保护，结合供应链金融体系的特点，很好地解决了上述问题。

1. 清晰刻画供应链金融底层资产，实现数据增信

“易见区块”利用区块链技术来进行完整的、实时的底层资产刻画，记录资产从贸易到融资形成的完整过程：从商业行为最基本的合约生成、账本建立、合同执行等交易行为直至将信用可视化、价值化，从底层实现交易数据的保真到使用金融科技搭建资金端和资产端的高效匹配，使资金方投资对应的交易及债权信息真实可见、难以篡改；通过对基础数据的关联性分析，能够有效地发现虚假数据，保证底层资产贸易背景的真实性；通过内嵌智能合约、资金闭环设计，实现每笔供应链融资和贸易数据的关联契合与可视追溯；通过贸易链、融资链和审计链的建设，让贸易流转的数据和信息更加清晰透明。在数据源头的采集上，“易见区块”尽可能地采取系统对接、物联网设备采集等手段，例如，合同、订单数据可以从企业 ERP 系统中接入，收货数据可以从物联网（扫码、电子过磅等）设备中获取，最大限度地保证数据源的真实性。

2. 可溯源的供应链金融资产管理创新

基于易见供应链管理股份有限公司开发的“可信数据池”产品的多链架构，为供应链金融场景动态地创建新的数据链，数据链的参与方可根据需要加入数据链并拥有不同主体的数据节点，形成贸易链、融资链及资产证券化（Asset-Backed Securitization，ABS）应用链三大类别。一方面，这种多链架构使各个链上的数据完全隔离，即授权后才能进行数据访问；另一方面，数据在多链网络中可被跨链访问，共同实现供应链金融资产管理的创新。

3. 从底层技术支持到“区块链 +”的供应链金融价值传递

首先，区块链技术为供应链金融提供多样化的底层技术支持，包括企业数据直连存证、数据上区块链、数据授权使用、数据审计上区块链等。

其次，区块链技术可以在大数据管理、安全、透明性等方面成为物联网合适的解决方案，为相互连接的智能设备之间服务交换的微交易带来便利：一方面，可以保证为所有的物联网单元的数据提供合适的解决方案；另一方面，还能保证数据一旦被记录就不可篡改，即形成一个“物账本”。

最后，区块链技术可以被进一步用于解决有关物联网的安全和身份的问题，确保智能设备之间的连接与交流的安全性。

创新亮点

“易见区块”解决方案的创新亮点主要体现在以下两个方面。

一方面，“易见区块”通过跨链数据追溯平衡企业数据隐私安全性与

数据真实性的需求。在供应链金融中，企业对其业务数据非常敏感，有很强的隐私保护和安全性要求。另外，贸易数据是金融投放的基础。"易见区块"通过在企业端构建属于企业的"可信数据池"，缓解了企业对数据安全性的担忧；同时，当有融资需求时，数据可以被推送到融资平台的可信数据池，并建立两个区块链底层网络数据的追溯关系。这一系列举措使贸易以难以篡改的方式进行了数据刻画、流转与追溯，保证了资金方可以看到真实的贸易数据。

另一方面，"易见区块"确保了贸易原始数据的真实性。从技术上看，区块链并不能保证源头数据的真实性。因此，"易见区块"通过与核心企业的 ERP、制造企业生产过程执行系统（Manufacturing Execution System，MES）等生产系统、财务系统对接，接入了可信度很高的基础数据；同时，"易见区块"通过交叉数据核查的数据风控模型，进一步提升了数据的真实性。

应用成果

"易见区块"平台自 2017 年 4 月上线以来，线上注册的企业客户数达 180 家。截至 2019 年 7 月，投放金额近 44.73 亿元，对接核心企业近 20 家，涉及医药、化工、制造、大宗、物流、航空、地产等行业。其中，金融机构直接投放的金额超过 15 亿元，线上管理的可信资产达 9 万余条，可信贸易金额达 86 亿余元，如图 4 所示。

以医药市场为例。2017 年 4 月，"易见区块"医药采购场景成功落地，实现了药品流通企业基于等级医院的应收账款融资模式投放。目前，平台已实现医药场景保理投放额 2.39 亿元，平台医药行业合作客户数为 46 户（含医院和药品供应商），其中既包括大型国有药企和二甲、三甲医院，也包括大中型民营药品供应商。

“可控商品 +”也是“易见区块”的典型场景，该场景于 2017 年 5 月上线。基于有效管控实物资产的供应链金融，易见供应链管理股份有限公司以技术手段监控资产，实现了高质押率、低门槛、低成本的资金融通，适用于仓储物（化肥、白糖、橡胶、钢材等）。

图 4 “易见区块”管理资产规模（截至 2019 年 7 月）

“易见区块”真实地刻画了可视资产的状态，利用动态感知等物联网技术增强货物管控，实现大宗商品的在线交易和回购业务，资产持有方在平台上发起融资请求，基于可视化、可监控的资产及数据管理，由“易见区块”提供平台服务，金融机构为资产持有方提供融资服务。该模式有效地提升了企业的存货周转率，扩大了销售规模，降低了融资成本，使企业更专注于自身核心竞争力的构建，使金融机构有了优质资产识别和管理资金投放过程的工具。

以某大型公司为例，该公司是一家具有资源优势的综合性化工企业。由于其产成品销售受季节性影响明显，该公司对贸易中的上游物资采购和下游产成品销售都有供应链融资需求。

鉴于该公司的情况，易见供应链管理股份有限公司针对其产业链上下游的情况设计了多种服务方案：一是上游采购基于该公司的信用，为其中小型的供应商提供应收账款保理方案；二是针对下游的中小型客户，为其设计了基于库存融资的供应链融资方案。

上述方案均通过“易见区块”的保理模式和供应链模式进行投放：一方面，通过与该企业的 ERP 系统对接，将质检数据、过磅数据、结算数据等重要信息实时写入区块，形成可信数据；另一方面，通过物联网技术对仓库的货物进行动态监管。

在该企业的仓库改造项目中，采用激光雷达 3D 建模方式改造，涵盖“实时货物物理数据采集、3D 智能机器视觉技术与算法、虚拟空间坐标建模重绘、告警与抓拍取证”等物联网技术手段，可实时生成包括货物存放位置、重量、形状、体积变化等在内的监控数据。通过采集的货物物理数据和作业操作数据，根据事先确定的告警规则生成系统告警，通过 App 或系统数据接口推送给客户，及时告知客户可能存在的异常时间和货物风险。

后记 Postscript

可信见证，未来可期

从人类先祖甲骨刻字到农耕时代的布帛记账，再到近现代纸张记账的流行，直至今天电脑记录、数据库存储的广泛使用，账本一直都是人类商业活动的核心要素，用于记录金钱、产权等资产信息。

相较于历史上出现的任何一种记账模式，近几年快速兴起的区块链技术，首次实现了协作维护的分布式总账技术，让所有人都有机会参与记账，从而减少了交易成本，提高了信息和价值的转移效率。正如超文本传输协议引领全球跨入信息自由传递时代一样，区块链开创了信息与价值自由转移的互联网“众证共识”时代。

“去中心化”、安全、不可篡改是区块链的重要特征，但由于今天的区块链仍处于发展的初级阶段，存在诸多不完善、不合理的情况，因此区块链市场亟须建立一个强有力的第三方组织，引导技术标准的制定和行业的健康、有序发展。在这个背景下，由中国信息通信研究院牵头的“可信区块链推进计划”应运而生。

什么是“可信区块链”

“可信区块链”的核心理念是“因为透明，所以可信”。这个理念提出的初衷，可以用“4个可信”来概括：一是数学可信，新型共识算法、密码学算法层出不穷，但都需要严谨的数学证明；二是工程可信，加强技术的信息披露，产品也需要自证清白；三是管理可信，需要加强流程管理的规范性，控制人为作恶的影响；四是应用可信，促进链上、链下数据的可信映射，构建安全的应用环境，依托数学、工程、管理、应用的可信机制，在信息披露、测试核验、同行评议、在线监测等工作的开展中构建公正透明、安全健康的产业环境。

为了达到"可信"的目标，基于完全自愿、开放透明、公平公正的原则，可信区块链推进计划的业务范围主要涉及以下 4 个方面：在政策方面，开展区块链政策与法律研究，为政府制定政策提供依据，推进区块链监管科技发展；在技术方面，从事区块链核心基础技术研究，推动区块链行业研发设计和生产服务水平快速发展；在应用方面，促进区块链应用落地，开展行业规范公约及信息披露机制，完善区块链产业生态；在国际方面，拓展国际合作及研究工作，提升我国在区块链领域的国际影响力。

从 2018 年 4 月 9 日至今，可信区块链推进计划成员已从 158 家发展至 320 家，在技术标准工作、行业应用工作和政策法律三大方面设立项目工作组 17 个。

积极推进标准体系建设

如果说区块链技术是未来数字经济产业发展的一大风口，那么标准将成为加速推动整个区块链产业发展的突破口。正如英国标准协会与兰德公司 2017 年联合发布的《分布式账本与区块链标准所面临的挑战、机会与展望》中所述，"可信"已经成为区块链技术标准未来发展的关键要素。当前，国际上在积极探索区块链技术和应用的同时，我国也正在积极增强区块链产业的透明度，构建包含可信区块链标准在内的标准化体系建设。

经过长期跟踪研究，结合在云计算、大数据等方面已有的标准化思路，中国信息通信研究院提出了国内首个可信区块链系列标准，在中国通信标准化协会（CCSA）报批2项、启动9项行业标准。同时，中国信息通信研究院积极参与国际电信联盟ITU-T FG DLT分布式账本焦点组和ITU-T SG16研究组的研究工作，牵头成立ITU-T SG16 Q.22：Distributed Ledger Technology and E-services，并成功立项两个国际标准。

可信区块链系列标准体系，包含团体标准、行业标准和国际标准3个维度，涉及总体、评测、核心功能、安全、运维、基础设施、垂直应用七大板块。以评测为例，其框架包含19个方面的评价指标、95个评测点，具体可以分为3类：一是核心组件部分，包含共识算法在安全和性能方面的有效性、数据的可溯源性、私钥管理的安全性等；二是应用支撑部分，重点测试了应用运行的稳定性和数据私密性、业务隔离等功能；三是运维管理部分，重点包括节点管理的扩展性、可运维性、数据审计、数据移植等方面。整体框架能够从功能、技术和安全、性能这几个维度全面地检验一个区块链产品的情况。

开启信任可期的未来

时代在不断进步，区块链技术也在不断迭代。从链上清结算到链下批处理，从确定共识范围到随机动态共识，从孤链封闭到跨链开发，从整片存储到分片处理等，通过这些核心技术组件的演化迭代可以看到，区块链技术的创新正日益活跃、多向突破。同时，区块链技术的革新升级，以及与云计算、物联网、大数据、安全等前沿技术的融合，将促进区块链在赋能工业互联网、数据共享流通、新一代安全设施等方面的发展前景，能更好地将虚拟世界的价值在现实世界中发挥出来，更合规地反映社会经济运行的本质关系。

区块链作为一个基础技术平台，今后会更加紧密地融入人们的日常生活。

具有“去中心化”、无须中心信任、不可篡改、加密安全等特点的区块链技术，正向着决策制定、金融、征信、信贷等方向，从理论探讨走向实践应用，对我国金融产业和金融体系的重要性不言而喻。随着数字化进展、产业生态的变化，金融机构需要全新的渠道、更灵活的产品组合，满足新生活方式的价值体验，形成完善的洞察及风险管控。从区块链的层次上看，未来在做底层平台、中间层的封装以及垂直的行业应用上都有机会出现领先的企业。

下一步，可信区块链推进计划将继续完善标准体系，强化共识算法、智能合约、跨链、隐私保护和安全等核心技术研究，探讨推动垂直行业的区块链应用，积极探索适合区块链产业落地的场景，开展区块链国际、国内的交流与合作，引领产业健康发展，在国际上发出“中国最强音”。

可信区块链推进计划联系人：顾天瑶

微信号：13522641469

邮箱：gutianyao@ritt.cn